Ullstein

D1697507

Daisetz Taitaro Suzuki

Der westliche und der östliche Weg

Über christliche und buddhistische Mystik

Ullstein

Esoterik
Ullstein Buch Nr. 35505
im Verlag Ullstein GmbH,
Frankfurt/M – Berlin
Titel der amerikanischen Originalausgabe:
Mysticism: Christian and Buddhist
Übersetzt von Liselotte und
Walter Hilsbecher

Neuauflage von UB 34242

Umschlagentwurf:
Vera Bauer
Unter Verwendung einer Abbildung
von Steve Gottlieb/Bavaria
Alle Rechte vorbehalten
© 1957 by Daisetz Taitaro Suzuki
Printed in Germany 1995
Druck und Verarbeitung:
Ebner Ulm
ISBN 3 548 35505 6

Mai 1995
Gedruckt auf alterungsbeständigem
Papier mit chlorfrei
gebleichtem Zellstoff

Die Deutsche Bibliothek – CIP-Einheitsaufnahme

Suzuki, Daisetz Teitarō:
Der westliche und der östliche Weg :
über christliche und buddhistische Mystik / Daisetz Taitaro Suzuki.
[Übers. von Liselotte und Walter Hilsbecher]. – Neuaufl. –
Frankfurt/M ; Berlin : Ullstein, 1995
(Ullstein-Buch ; Nr. 35505 : Ullstein-Sachbuch : Esoterik)
Einheitssacht.: Mysticism: Christian and Buddhist <dt.>
Früher als: Ullstein-Buch ; Nr. 34242
ISBN 3-548-35505-6
NE: GT

INHALTSVERZEICHNIS

EINFÜHRUNG

Dieses Buch ist ein Band der »Weltperspektiven«, die sich die Aufgabe stellen, kurze Schriften der verantwortlichen zeitgenössischen Denker auf verschiedenen Gebieten herauszugeben. Die Absicht ist, grundlegend neue Richtungen in der modernen Zivilisation aufzuzeigen, die schöpferischen Kräfte zu deuten, die im Osten wie im Westen am Werke sind, und das neue Bewußtsein deutlich zu machen, das zu einem tieferen Verständnis der Wechselbeziehungen zwischen Mensch und Universum, Individuum und Gesellschaft sowie der allen Völkern gemeinsamen Werte beitragen kann. Die »Weltperspektiven« repräsentieren die Weltgemeinschaft der Ideen in einem universalen Gespräch, wobei sie das Prinzip der Einheit der Menschheit betonen, der Beständigkeit in der Wandlung.

Neue Entdeckungen in vielen Bereichen des Wissens haben unvermutete Aussichten eröffnet für ein tieferes Verständnis der menschlichen Situation und für eine richtige Würdigung menschlicher Werte und Bestrebungen. Diese Aussichten, obwohl das Ergebnis nur spezialisierter Studien auf begrenzten Gebieten, erfordern zu ihrer Analyse und Synthese einen neuen Rahmen, in dem sie erforscht, bereichert und in all ihren Aspekten zum Wohle des Menschen und der Gesellschaft gefördert werden können. Solch einen Rahmen zu bestimmen, sind die »Weltperspektiven« bemüht, in der Hoffnung, zu einer Lehre vom Menschen zu führen.

Eine Absicht dieser Reihe ist auch der Versuch, ein Grundübel der Menschheit zu überwinden, nämlich die Folgen der Atomisierung der Wissenschaft, die durch das überwältigende Anwachsen der Fakten entstanden ist, die die Wissenschaft ans Licht brachte; ferner: Ideen durch eine Befruchtung der Geister zu klären und zu verbinden, von verschiedenen Gesichtspunkten aus die gegen-

seitige *Abhängigkeit von Gedanken, Fakten und Werten in ihrer beständigen Wechselwirkung zu zeigen; die Art, Verwandtschaft, Logik und Bewegung des gesamten Organismus der Wirklichkeit zu demonstrieren, indem sie den dauernden Zusammenhang der Prozesse des Menschengeistes zeigt, und so die innere Synthese und die organische Einheit des Lebens selbst zu enthüllen.*

Die »Weltperspektiven« sind überzeugt, daß trotz der Unterschiede und Streitfragen der hier dargestellten Disziplinen eine starke Übereinstimmung der Autoren besteht hinsichtlich der überwältigenden Notwendigkeit, die Fülle zwingender wissenschaftlicher Ergebnisse und der Untersuchungen objektiver Phänomene von der Physik bis zur Metaphysik, Geschichte und Biologie zu sinnvoller Erfahrung zu verbinden.

Um dieses Gleichgewicht zu schaffen, ist es notwendig, die grundlegende Tatsache ins Bewußtsein zu rufen: daß letztlich die individuelle menschliche Persönlichkeit all die losen Fäden zu einem organischen Ganzen verknüpfen und sich zu sich selbst, der Menschheit und Gesellschaft in Beziehung setzen muß, während sie ihre Gemeinschaft mit dem Universum vertieft und steigert. Diesen Geist zu verankern und ihn dem intellektuellen und spirituellen Leben der Menschheit, Denkenden wie Handelnden gleicherweise, tief einzuprägen, ist tatsächlich eine große, wichtige Aufgabe und kann weder gänzlich der Naturwissenschaft noch der Religion überlassen werden. Denn wir stehen der unabweisbaren Notwendigkeit gegenüber, ein Prinzip der Unterscheidung und dennoch Verwandtschaft zu entdecken, das klar genug ist, um Naturwissenschaft, Philosophie und jede andere Kenntnis zu rechtfertigen und zu läutern, indem es ihre gegenseitige Abhängigkeit annimmt. Dies ist die Krisis im Bewußtsein, die durch die Krisis der Wissenschaft deutlich wird. Dies ist das neue Erwachen.

Die »Weltperspektiven« wollen beweisen, daß grundlegendes theoretisches Wissen mit dem dynamischen Inhalt der Ganzheit des Lebens verbunden ist. Sie sind der neuen Synthese gewidmet, die Erkenntnis und Intuition zugleich ist. Sie befassen sich mit der Erneuerung der Wissenschaft in bezug auf die Natur des Menschen und sein Verständnis, eine Aufgabe für die synthetische Imagination und ihre einigenden Ausblicke. Diese Situation des Menschen ist neu, und darum muß auch seine Antwort darauf neu sein. Denn die Natur des Menschen ist auf vielen Wegen erkenn-

bar, und all diese Pfade der Erkenntnis sind zu verknüpfen, und manche sind miteinander verknüpft wie ein großes Netz, ein großes Netz zwischen Menschen, zwischen Ideen, zwischen Systemen der Erkenntnis, eine Art rational gedachter Struktur, die menschliche Kultur und Gesellschaft bedeutet.

Wissenschaft, das wird in dieser Bücherreihe gezeigt, besteht nicht mehr darin, Mensch und Natur als gegensätzliche Mächte zu behandeln, auch nicht in der Reduzierung von Tatsachen auf eine statistische Ordnung, sondern sie ist ein Mittel, die Menschheit von der destruktiven Gewalt der Furcht zu befreien und ihr den Weg zum Ziel der Rehabilitierung des menschlichen Willens, der Wiedergeburt des Glaubens und Vertrauens zu weisen. Diese Bücherreihe will auch klarmachen, daß der Schrei nach Vorbildern, Systemen und Autoritäten weniger dringlich wird in dem Maße, wie im Osten und Westen der Wunsch nach Wiederherstellung einer Würde, Lauterkeit und Selbstverwirklichung stärker wird, die unveräußerliche Rechte des Menschen sind. Denn er ist keine Tabula rasa, der durch äußere Umstände alles willkürlich aufgeprägt werden kann, sondern er besitzt die einzigartige Möglichkeit der freien Schöpferkraft. Dadurch unterscheidet sich der Mensch von den anderen Formen des Lebens, daß er im Lichte rationaler Erfahrung mit bewußter Zielsetzung Wandel schaffen kann.

Die »Weltperspektiven« planen, Einblick in die Bedeutung des Menschen zu gewinnen, der nicht nur durch die Geschichte bestimmt wird, sondern selbst die Geschichte bestimmt. Geschichte soll dabei so verstanden werden, daß sie sich nicht nur mit dem Leben des Menschen auf diesem Planeten beschäftigt, sondern auch die kosmischen Einflüsse umfaßt, die unsere Menschenwelt durchdringen. Die jetzige Generation entdeckt, daß die Geschichte nicht den sozialen Optimismus der modernen Zivilisation bestätigt und daß die Organisation menschlicher Gemeinschaften und die Setzung von Freiheit, Gerechtigkeit und Frieden nicht nur intellektuelle Taten, sondern auch geistige und moralische Werke sind. Sie verlangen die Pflege der Ganzheit menschlicher Persönlichkeit, die »spontane Ganzheit von Fühlen und Denken«, und stellen eine unaufhörliche Forderung an den Menschen, der aus dem Abgrund von Sinnlosigkeit und Leiden emporsteigt, um in der Ganzheit seines Daseins erneuert und vollendet zu werden.

Die »Weltperspektiven« sind sich dessen bewußt, daß allen großen Wandlungen eine lebendige geistige Neubewertung und Reorganisation vorangeht. Unsere Autoren wissen, daß man die Sünde der Hybris vermeiden kann, indem man zeigt, daß der schöpferische Prozeß selbst nicht frei ist, wenn wir unter frei willkürlich oder unverbunden mit dem kosmischen Gesetz verstehen. Denn der schöpferische Prozeß im Menschengeist, der Entwicklungsprozeß in der organischen Natur und die Grundgesetze im anorganischen Bereich sind vielleicht nur verschiedene Ausdrücke eines universalen Formungsprozesses. So hoffen die »Weltperspektiven« auch zu zeigen, daß in der gegenwärtigen apokalyptischen Periode, obwohl voll von außerordentlichen Spannungen, doch auch eine ungewöhnliche Bewegung zu einer kompensierenden Einheit hin am Werk ist, welche die sittliche Urkraft nicht stören kann, die das Universum durchdringt, diese Kraft, auf die sich jede menschliche Anstrengung schließlich stützen muß. Auf diesem Wege gelangen wir vielleicht zum Verständnis dafür, daß eine Unabhängigkeit geistigen Wachstums existiert, die wohl durch Umstände bedingt, doch niemals von den Umständen bestimmt wird. Auf diese Art mag der große Überfluß menschlichen Wissens in Wechselbeziehung gebracht werden zur Einsicht in das Wesen der menschlichen Natur, indem man ihn auf den tiefen und vollen Klang menschlicher Gedanken und Erfahrungen abstimmt. Denn was uns fehlt, ist nicht das Wissen und die Struktur des Universums, sondern das Bewußtsein von der qualitativen Einzigartigkeit menschlichen Lebens.

Und endlich ist das Thema dieser »Weltperspektiven«, daß der Mensch im Begriff ist, ein neues Bewußtsein zu entwickeln, das trotz scheinbarer geistiger und moralischer Knechtschaft das Menschengeschlecht vielleicht über die Furcht, die Unwissenheit, die Brutalität und die Isolierung erheben kann, die es heute bedrükken. Diesem entstehenden Bewußtsein, diesem Begriff des Menschen, aus einer neuen Sicht der Wirklichkeit geboren, sind die »Weltperspektiven« gewidmet.

Ruth Nanda Anshen

VORWORT

Dieses Buch erhebt nicht den Anspruch, eine grundlegende, systematische Studie über sein Thema zu sein. Es ist mehr oder weniger eine Sammlung von Studien, die der Autor von Zeit zu Zeit — vor allem anläßlich seiner Beschäftigung mit Meister Eckhart als dem Repräsentanten christlicher Mystik — geschrieben hat. Denn Eckharts Gedankenwelt kommt der von *Zen* und *Shin* sehr nahe. Oberflächlich unterscheiden sich *Zen* und *Shin* zwar voneinander: Das eine ist bekannt als *Jiriki*, die Schule der Selbsterlösung, das andere als *Tariki*, die Schule der Erlösung durch eine andere Macht. Aber es gibt doch etwas beiden Schulen Gemeinsames, was dem Leser nicht verborgen bleiben wird. Eckhart, *Zen* und *Shin* können daher gemeinsam der großen Schule der Mystik zugerechnet werden. Vielleicht wird die geheime Verwandtschaft zwischen den drei Erscheinungsformen auf den folgenden Seiten nicht immer augenfällig. Trotzdem hofft der Verfasser, daß diese Seiten anregend genug sind, bemühte westliche Leser das Thema für ihr eigenes Studium aufnehmen zu lassen.

New York, 1957

Daisetz T. Suzuki

ERSTER TEIL

I

MEISTER ECKHART[1] UND DER BUDDHISMUS

1

Auf den folgenden Seiten versuche ich, die Aufmerksamkeit des Lesers auf die Nähe der Gedankenwelt Meister Eckharts zu der des Mahayana-Buddhismus, besonders des Zen-Buddhismus, zu lenken. Dieser Versuch gibt sich nur andeutungsweise und skizzenhaft, er ist weit davon entfernt, systematisch und erschöpfend zu sein. Doch hoffe ich, der Leser wird darin etwas finden, das genügend Neugier in ihm erweckt, um ihn zu weiteren Studien über dieses fesselnde Thema anzuregen.

Als ich zum erstenmal — und das war vor mehr als einem halben Jahrhundert — ein kleines Buch mit einigen von Meister Eckharts Predigten las, beeindruckten diese mich tief, denn ich hatte niemals erwartet, daß irgendein christlicher Denker — gleich ob alt oder modern — solch kühne Gedanken hegen würde, wie sie in diesen Predigten ausgesprochen wurden. Wenn ich mich auch nicht erinnere, welche Predigten das kleine Buch enthielt, so weiß ich doch: die darin geäußerten Gedanken waren buddhistischen Vorstellungen so nahe, daß man sie fast mit Bestimmtheit als Ausfluß buddhistischer Spekulationen hätte bezeichnen können. Soweit ich es beurteilen kann, scheint mir Eckhart ein ungewöhnlicher »Christ« zu sein.

Auch ohne in Einzelheiten zu gehen, können wir zumindest

1 Es gibt zwei englische Übersetzungen von Eckhart, eine britische und eine amerikanische. Die britische ist von C. de B. Evans, London 1924, die amerikanische von Raymond B. Blakney, New York 1941. Keine von beiden ist vollständig. Trotzdem hat Suzuki sie im wesentlichen benutzt. Nur wo er nicht fand, was er suchte, griff er auf die deutsche Pfeiffersche Ausgabe von 1914 zurück. Für die deutsche Ausgabe dieser Essays haben wir Eckhart im allgemeinen nach der neueren Edition der *Predigten und Traktate* von Josef Quint (München 1955) zitiert. Unsere Hinweise auf diese Zitate bezeichnen wir im folgenden einfach mit »Quint«. In unumgänglichen Ausnahmefällen haben wir Blakney oder Evans zurückübersetzt.

dies sagen: Eckharts Christentum ist einzigartig und weist vielerlei Punkte auf, die uns zögern lassen, es entweder als »rationalistisch modern« oder als »konservativ traditionalistisch« zu klassifizieren. Eckhart steht auf seinen eigenen Erfahrungen, die einer reichen, tiefen, religiösen Natur entspringen. Er versucht sie mit dem geschichtlich überkommenen, aus Legenden und Mythen gewobenen Christentum in Einklang zu bringen. Er bemüht sich, den Legenden und Mythen einen »esoterischen« oder »inneren« Sinn zu geben — und indem er das tut, betritt er Gebiete, die von den meisten seiner historischen Vorgänger nicht gestreift worden sind.

Lassen Sie mich Ihnen zunächst die Vorstellungen wiedergeben, die Eckhart über Zeit und Schöpfung hat. Von ihnen handelt seine am Gedächtnistag des heiligen Germanus gehaltene Predigt. Er zitiert einen Satz des Ekklesiastikus (Jesus Sirach): »Er ist Gott wohlgefällig gewesen in seinen Tagen.« Indem er sich zuerst die Worte »in seinen Tagen« vornimmt, interpretiert er sie, wie er sie selbst versteht:

Es liegt da mehr als nur ein Tag vor, wenn man sagt »in seinen Tagen«: nämlich der Seele Tag und Gottes Tag. Die Tage, die seit sechs oder sieben Tagen verflossen sind, und die Tage, die da waren vor sechstausend Jahren, die sind dem heutigen Tage so nahe wie der Tag, der gestern war. Warum? Weil da die Zeit in einem gegenwärtigen Nun ist. Dadurch, daß der Himmel läuft, ist es durch den ersten Umlauf des Himmels Tag. Dort ereignet sich in einem Nun der Seele Tag, und in ihrem natürlichen Lichte, in dem alle Dinge sind, da ist ein ganzer Tag: da ist Tag und Nacht eins. Da hingegen ist Gottes Tag, wo die Seele in dem Tage der Ewigkeit steht in einem wesenhaften Nun, und da gebiert der Vater seinen eingeborenen Sohn in einem gegenwärtigen Nun und wird die Seele wiedergeboren in Gott.[1]

Der Seele Tag und Gottes Tag sind unterschieden. Wo die Seele in ihrem natürlichen Tage ist, da erkennt sie alle Dinge über Zeit und Raum. Kein Ding ist ihr da fern oder nah. Darum habe ich gesagt, daß alle Dinge gleich edel seien in diesem Tage. Würden wir sagen, daß Gott die Welt gestern oder morgen erschüfe, so würden wir uns töricht verhalten. Gott erschafft die Welt und alle

[1] Quint, S. 203.

14

Dinge in einem gegenwärtigen Nun, und die Zeit, die da vergangen ist vor tausend Jahren, die ist Gott jetzt ebenso gegenwärtig und ebenso nahe wie die Zeit, die jetzt ist. Die Seele, die da steht in einem gegenwärtigen Nun, in die gebiert der Vater seinen eingeborenen Sohn, und in derselben Geburt wird die Seele wieder in Gott geboren. Das ist eine Geburt: so oft sie (die Seele) wiedergeboren wird in Gott, so oft gebiert der Vater seinen eingeborenen Sohn in sie.[1]

Gott Vater und Gott Sohn haben mit Zeit nichts zu tun. Nicht in der Zeit findet die Zeugung statt — sondern am Ende und an der Grenze der Zeit. In den vergangenen und zukünftigen Bewegungen der Dinge eilt dein Herz hin und her. Vergeblich trachtest du, ewige Dinge zu wissen. In göttlichen Dingen mußt du ergriffen sein im Geiste.[2]

Gott liebt seiner selbst wegen und wirkt alle Dinge um seiner selbst willen, das heißt: er liebt um der Liebe, und er wirkt um des Wirkens willen. Denn zweifellos hätte Gott seinen eingeborenen Sohn in der Ewigkeit nie geboren, wäre das Geborenhaben nicht dem Gebären gleich. Drum: Gott hat die Welt in der Weise geschaffen, daß er sie immer noch ohne Unterlaß erschafft. Alles, was vergangen und was zukünftig ist, das ist Gott fremd und fern.[3]

Aus diesen Abschnitten ersehen wir, daß der biblischen Schöpfungsgeschichte völlig widersprochen wird. Sie hat nicht einmal symbolische Bedeutung bei Eckhart, darüber hinaus hat sein Gott keinerlei Ähnlichkeit mit dem Gott, wie ihn die meisten Christen sich denken. Gott ist in der Zeit nicht mathematisch nachweisbar. Sein Schöpfertum ist ungeschichtlich, ohne plötzlichen Anfang, ganz und gar unmeßbar. Es strömt ohne Unterbrechung anfangs- und endlos. Es ist kein Ereignis von gestern, heute oder morgen, es kommt aus der Zeitlosigkeit, aus dem Nichts, aus der absoluten Leere. Gottes Werk geschieht stets in seiner Gegenwart, in einem zeitlosen »Nun« oder »Jetzt«, das in sich selbst Zeit und Ort ist. Gottes Werk ist vollkommene Liebe, von jeder Art Zeitmaß und Zwecklehre frei.

Diese Idee von einem Gott, der die Welt aus dem Nichts schafft in absoluter Gegenwart — und sich daher jeglicher Kontrolle durch

[1] Quint, S. 205.   [2] Blakney, S. 292.   [3] Quint, S. 125.

eine serielle Zeitkonzeption entzieht, dürfte buddhistischen Ohren nicht fremd sein. Vielleicht hören sie in ihr das Echo ihrer eigenen Doktrin von der Leerheit (sunyata).

2

Nachfolgend weitere Zitate aus Eckhart, die seine Vorstellungen über »Sein«, »Leben«, »Werk« usw. wiedergeben:

Sein ist Gott ... Gott und Sein sind dasselbe — oder Gott hat sein Sein von einem anderen und ist daher selbst nicht Gott ... Alles was ist, bezieht sein Sein durch das Sein und vom Sein. Wäre das Sein daher etwas von Gott Verschiedenes, so könnte ein Ding sein Sein von einem anderen haben als Gott. Ferner ist da nichts älter als Sein, weil das, was Sein verleiht, schafft und schöpferisch ist. Schaffen aber heißt Sein aus dem Nichts schaffen.[1]

Eckhart ist sehr häufig hochmetaphysisch, und man fragt sich verwundert, wie seine Zuhörerschaft seine Predigten aufnahm — eine Zuhörerschaft, von der man annimmt, daß sie recht ungelehrt war, des Lateinischen ebenso unkundig wie all der lateinisch geschriebenen Theologien. Das hier vorliegende Problem des Seins und Gottes, der die Welt aus dem Nichts schafft, muß sie doch heftig in Verlegenheit gebracht haben. Selbst die Gelehrten mögen festgestellt haben, daß Eckhart über ihr Begreifen hinausging, zumal wir wissen, daß sie mit Erfahrungen, wie Eckhart sie hatte, nicht gerade gesegnet waren. Denken allein oder logisches Folgern wird Probleme von tiefer religiöser Bedeutung niemals erfolgreich lösen können. Eckharts Erfahrungen wurzeln tief in der grundlegenden, überwältigenden Erfahrung Gottes als Sein, das Sein und Nicht-Sein zugleich ist: er sieht im »geringsten« Ding unter Gottes Geschöpfen alle Herrlichkeit seiner Ist-heit (ist-icheit). Die buddhistische Erleuchtung ist nichts anderes als diese Erfahrung der Ist- oder So-heit (tathata), der alle uns Menschen nur irgendwie vorstellbaren möglichen Werte (guna) innewohnen.

Gottes eigenstes Wesen ist Sein. Ein Meister sagt: Ein Geschöpf

[1] Blakney, S. 278.

16

kann wohl dem andern *Leben* geben. Eben darum ist alles, was irgendwie *ist*, einzig nur im *Sein* begründet. *Sein* ist ein erster Name. Alles, was mangelhaft ist, das ist Abfall vom Sein. Unser ganzes Leben sollte ein Sein sein. Soweit unser Leben ein Sein ist, soweit ist es in Gott. Ein Leben mag noch so gering sein, faßt man es, sofern es Sein ist, so ist es edler als alles, was je Leben gewann. Ich bin des gewiß: Erkennte eine Seele auch nur das Geringste, das Sein hat, sie kehrte sich nie wieder nur einen Augenblick davon ab. Das Geringste, das man als in Gott erkennt, ja, erkennte man selbst nur eine Blume so, wie sie ein Sein in Gott hat, das wäre edler als die ganze Welt. Das Geringste, das in Gott ist, sofern es ein *Sein* ist, das ist besser, als wenn jemand einen Engel erkennte.[1]

Diese Stelle mag den meisten Lesern zu abstrakt klingen. Die Predigt soll am Tag des Gedenkens an die »seligen Märtyrer, die durch das Schwert umkamen«, gehalten worden sein. Eckhart beginnt mit seinen Gedanken über Tod und Leiden, die wie alles, was dieser Welt angehört, enden. Er fährt dann fort, indem er uns rät, uns zu verhalten »als ob wir tot seien, so daß uns weder Lieb noch Leid berühre«, und er zitiert den heiligen Gregorius, »niemand könne Gott in reichem Maße besitzen, als wer für diese Welt bis auf den Grund tot sei«, weil »der Tod ihnen [den Märtyrern] Sein gibt, sie haben ein *Leben* verloren, haben aber ein *Sein* empfangen«. Eckharts Anspielung auf die in Gott gesehene Blume erinnert uns an die Begegnung zwischen Nansen und Rikko, bei der der Zen-Meister auf eine Blume hinweist, die er in den Klosterhof bringt.

Immer wenn ich auf solche Übereinstimmungen stoße, wächst meine Überzeugung, daß die christlichen religiösen Erfahrungen sich im Grunde von den buddhistischen nicht unterscheiden. Alles, was uns trennt, ist die Terminologie, sie trennt — und reizt uns zu unnützer Kraftvergeudung. Gleichwohl müssen wir sorgfältig abwägen und prüfen, ob es tatsächlich etwas gibt, das uns einander entfremdet, und ob es eine Basis gibt, auf der wir gemeinsam spirituell fortschreiten können, von der aus sich eine Weltkultur fördern läßt.

1 Quint, S. 192.

Als Gott den Menschen machte, da wirkte in der Seele sein ihm gleiches Werk, sein *wirkendes* Werk und sein immerwährendes Werk. Das Werk war so groß, daß es nichts anderes war als die Seele, und die Seele wiederum war nichts anderes als das Werk Gottes. Gottes Natur, sein Sein und seine Gottheit hängen daran, daß er in der Seele wirken *muß*. Gesegnet, gesegnet sei Gott! Wenn Gott in der Seele wirkt, dann liebt er sein Werk. Wo nun die Seele ist, in der Gott sein Werk wirkt, da ist das Werk so groß, daß dieses Werk nichts anderes ist als die Liebe. Die Liebe hinwiederum ist nichts anderes als Gott. Gott liebt sich selbst und seine Natur, sein Sein und seine Gottheit. In der Liebe aber, in der Gott sich selbst liebt, darin liebt er auch alle Geschöpfe — nicht als Geschöpfe, sondern die Geschöpfe als Gott. In der Liebe, in der Gott sich selbst liebt, darin liebt er alle Dinge.[1]

Eckharts Darlegung hinsichtlich der Selbstliebe Gottes, worin er »alle Dinge liebt«, entspricht in gewisser Weise dem buddhistischen Gedanken der allumfassenden Erleuchtung. Als Buddha die Erleuchtung erlangte, heißt es in den Aufzeichnungen, gewahrte er, daß alles Dasein — empfindendes wie nicht empfindendes — bereits im Zustand der Erleuchtung sei. Die Idee der Erleuchtung mag die Buddhisten vielleicht unpersönlicher und »metaphysischer« erscheinen lassen als die Christen. Man mag den Buddhismus für wissenschaftlicher und rationaler ansehen als das Christentum, das mit allerlei mythologischem Rankenwerk beladen ist. Unter den Christen besteht daher eine Tendenz, die Religion von diesem unnötigen historischen Beiwerk zu befreien. Wieweit das gelingt, ist schwer vorauszusagen, schließlich sind auch in jeder Religion Elemente, die man irrational nennen kann. Sie hängen allgemein mit dem menschlichen Liebesverlangen zusammen. Andererseits ist die buddhistische Erleuchtungslehre bei weitem kein so kaltes metaphysisches System, wie sie manchen Leuten erscheint. In der Erleuchtungserfahrung ist Liebe als einer ihrer wesentlichen Bestandteile mitenthalten. Erleuchtung bedeutet auch nicht Flucht aus der Welt, heißt nicht, mit gekreuzten Beinen auf dem Gipfel eines Berges zu sitzen und gelassen auf eine von Bomben geschlagene Menschheit niederzusehen. Sie enthält mehr Tränen, als wir meinen.

[1] Quint, S. 271.

Du sollst ihn (Gott) bildlos erkennen, unmittelbar und ohne Gleichnis. — Soll ich aber Gott auf solche Weise unmittelbar erkennen, so muß *ich* schlechthin *er*, und *er* muß *ich* werden. Genauerhin sage ich: *Gott* muß schlechthin *ich* werden und *ich* schlechthin *Gott*, so völlig eins, daß dieses »Er« und dieses »Ich« Eins ist, werden und sind und in dieser Ist- oder Seinsheit ewig *ein* Werk wirken. Denn solange dieses »Er« und dieses »Ich«, das heißt Gott und die Seele, nicht ein einziges Hier und ein einziges Nun (Jetzt) sind, so lange könnte dieses »Ich« mit dem »Er« nimmer wirken noch eins werden.[1]

Was ist Leben? Gottes Sein ist mein Leben. Ist mein Leben Gottes Sein, so muß mein sein, was Gott ist, und Gottes Wesen muß mein Wesen sein, ohne Unterschied. Die wahrhaft leben, leben immerwährend in Gott, auf gleicher Höhe mit Gott, nicht höher, nicht tiefer. All ihr Werk wird von Gott getan und Gottes von ihnen.[2]

Wenn man diese Zitate durchliest, erscheint es einem verständlich, daß die orthodoxen Christen seinerzeit Eckhart als »Ketzer« verklagten und daß er sich verteidigte. Vielleicht müssen wir es einer psychologischen Eigentümlichkeit zuschreiben, daß es immer zwei einander entgegengesetzte Tendenzen im Denken und Fühlen des Menschen gibt: das extrovertierte und das introvertierte, das nach außen und das nach innen gerichtete, das objektive und das subjektive, das exoterische und das esoterische, das herkömmliche und das mystische Verhalten. Der Gegensatz zwischen diesen beiden Tendenzen oder Temperamenten ist oft zu tief und zu stark, um sie miteinander versöhnen zu können. Damit hat Eckharts Klage über seine Ankläger zu tun, sie seien nicht fähig, seinen Standort zu begreifen. Er hätte eingewendet: »Könntet ihr mit meinem Herzen erkennen, so verstündet ihr wohl, was ich sage — denn es ist wahr, und die Wahrheit sagt es selbst.«[3] Augustin freilich ist härter als Eckhart: »Was kann ich dafür, wenn jemand dies nicht versteht!«[4]

1 Quint, S. 354.   2 Blakney, S. 180.
3 Quint, S. 163.   4 Zitiert nach Eckhart: Quint, S. 138.

Eine von Eckharts »Ketzereien« war seine pantheistische Neigung. Er schien Gott und Menschen auf eine Ebene zu stellen:

Der Vater zeugt mich als seinen Sohn und als denselben Sohn ...[1]
Die Seele, die da steht in einem gegenwärtigen Nun, in die gebiert der Vater seinen eingeborenen Sohn, und in derselben Geburt wird die Seele wieder in Gott geboren. Das ist *eine* Geburt: so oft sie (die Seele) wiedergeboren wird in Gott, so oft gebiert der Vater seinen eingeborenen Sohn in sie.[2]

Zwar ginge es zu weit, Eckhart summarisch als Pantheisten zu bezeichnen, indem man einen oder zwei Sätze aufs Geratewohl aus seinen Predigten auswählt, doch besteht kein Zweifel, daß diese Predigten viele, dem Pantheismus nahekommende Gedanken enthalten. Doch abgesehen davon, daß die kritischen Äußerungen das Werk unwissender Mißdeuter sind, die vielleicht die böse Absicht haben, Eckhart auf jeden Fall der Ketzerei zu bezichtigen, so wird ein wohlgesonnener Richter feststellen, daß Eckhart überall in seinen Predigten den Unterschied zwischen Schöpfer und Geschöpf sorgfältig betont — wie etwa in folgenden Zitaten:

»Zwischen dem eingeborenen Sohn und der Seele, da ist kein Unterschied.« Das ist wahr. Denn wie könnte etwas, das weiß ist, verschieden oder getrennt sein vom Weiß? Und wiederum, Stoff und Form sind eines im Sein, lebend und wirkend. Jedoch Stoff ist nicht Form oder umgekehrt. So auch unser Satz. Eine fromme Seele ist eins mit Gott, gemäß Johannes 17/21. Auf daß sie alle eins seien in uns, gleich wie wir eins sind. Allein, das Geschöpf ist nicht der Schöpfer, noch ist der fromme Mensch Gott.[3]
Gott und Gottheit sind so weit voneinander verschieden wie Himmel und Erde. Ich sage mehr noch: Der innere und der äußere Mensch sind so weit voneinander verschieden wie Himmel und Erde. Gott aber ist's um viele tausend Meilen mehr: Gott *wird* und *ent-wird*. Nun komme ich wieder zurück auf mein Wort: Gott schmeckt sich selbst in allen Dingen. Die Sonne wirft ihren lichten

[1] Quint, S. 453 und 185.   [2] Quint, S. 206.   [3] Blakney, S. 303.

Schein auf alle Geschöpfe aus, und worauf die Sonne ihren Schein wirft, das zieht sie in sich, und sie verliert doch darum nichts von ihrer Leuchtkraft.[1]

Hieraus können wir ganz eindeutig sehen, daß Eckhart weit davon entfernt war, Pantheist zu sein. Ähnlich wird auch der Mahayana-Buddhismus häufig und irrigerweise als pantheistisch bezeichnet, wobei man eine Welt von Einzelheiten übersieht. Manche Kritiker scheinen bequem und arglos genug zu sein, um sich einzubilden, daß jede Lehre, die nicht von vornherein oder ausschließlich monotheistisch ist, unbedingt pantheistisch und daher dem Fortschritt der geistigen Kultur gefährlich sein müsse. Gewiß, Eckhart besteht darauf, etwas von gottgleicher Natur in jedem von uns festzustellen, anderenfalls wäre die Geburt von Gottes eingeborenem Sohn in der Seele unmöglich, und seine Geschöpfe wären für immer deutlich von ihm geschieden. Solange Gott Liebe ist, als Schöpfer, kann er niemals außerhalb seiner Geschöpfe sein. Doch darf das nicht so verstanden werden, als sei der eine mit dem anderen in jedem Sinne eins. Eckhart unterscheidet zwischen dem inneren und dem äußeren Menschen, und was man sieht oder hört, ist nicht dasselbe wie das, was man nicht hört oder sieht. In gewisser Hinsicht können wir deshalb sagen, daß wir in keiner einheitlichen Welt leben, und daß der Gott, den man für sich selbst in Anspruch nimmt, keineswegs immer unter der gleichen Kategorie für einen anderen gilt. Eckharts Gott ist weder transzendent noch pantheistisch.

Gott kommt und geht, er wirkt, er ist aktiv, er ist alle Zeit im Werden — die Gott*heit* aber verharrt unbewegt, ist unerschütterlich, unzugänglich. Der Unterschied zwischen Gottheit und Gott ist der zwischen Himmel und Erde, trotzdem kann die Gottheit nicht sie selbst sein, ohne aus sich herauszutreten, das heißt: sie ist Gottheit, weil sie nicht Gottheit bleibt. Dieser »Widerspruch« wird nur vom »inneren« Menschen, nicht vom äußeren begriffen, weil der letztere die Welt durch die Sinne und den Intellekt sieht und demzufolge unfähig ist, die abgründige Tiefe der Gottheit zu erfahren.

Welchem Einfluß Eckhart aus jüdischen (Maimonides), arabischen (Avicenna) und neuplatonischen Quellen auch ausgesetzt

[1] Quint, S. 272.

gewesen sein mag, es ist nicht daran zu zweifeln, daß er seine
ureigenen Einblicke hatte, die auf persönlichen Erfahrungen be-
ruhten — theologischen und anderen Erfahrungen — und daß
diese Erfahrungen eigenartig mahayanistisch anmuten. Coomara-
swamy hat ganz recht, wenn er sagt:

Eckhart zeigt eine erstaunliche Nähe zur indischen Denkart.
Passagen und viele einzelne Sätze lesen sich wie eine Übersetzung
unmittelbar aus dem Sanskrit. Damit soll natürlich nicht der Eindruck erweckt werden, in Eckharts Schriften seien irgendwelche
indischen Elemente tatsächlich vorhanden, obschon es einige orien-
talische Einflüsse in der europäischen Tradition gibt, die aus neuplatonischen und arabischen Quellen stammen. Was der Vergleich
vielmehr beweist, das ist nicht der Einfluß eines Denksystems auf
ein anderes, sondern der Zusammenhang der metaphysischen
Überlieferung der ganzen Welt und aller Zeiten.[1]

4

Es ist nun notwendig, Eckharts enge Verwandtschaft mit dem
Mahayana-Buddhismus und besonders mit dem Zen-Buddhismus
im Hinblick auf die Doktrin von der Leerheit zu untersuchen.
Diese buddhistische Doktrin von der Leerheit ist unglücklicherweise im Westen gänzlich mißverstanden worden. Das Wort »Leerheit« oder »Leere« scheint die Menschen abzuschrecken, indes sie
im normalen Sprachgebrauch doch offenbar nichts dagegen einzu-
wenden haben. Und während der eine oder andere indische Gedanke als nihilistisch bezeichnet wird, ist Eckhart dessen niemals
beschuldigt worden, obgleich er mit Worten negativer Bedeutung,
wie »Wüste«, »Stille«, »Schweigen«, »Nichtigkeit« usw., nicht
spart. Vielleicht werden diese Worte, wenn westliche Denker
sie untereinander gebrauchen, in Verbindung mit ihrem geschicht-
lichen Hintergrund verstanden. Doch sobald diese Denker ge-
zwungen sind, sich in ein fremdes, unvertrautes System, eine
andere spirituelle Atmosphäre zu versetzen, verlieren sie ihr
Gleichgewicht und verdammen diese als negativistisch oder an-
archistisch oder als einem weltflüchtigen Egoismus förderlich.

[1] The Transformation of Nature in Art, S. 201.

Bei Eckhart steht:

Ich habe viele Schriften gelesen, von heidnischen Philosophen und Weisen sowohl, als auch aus dem Alten und Neuen Testament, und ich habe ernsthaft und mit allem Fleiß nach der besten und höchsten Tugend gestrebt, durch die der Mensch Gott am nächsten kommen und kraft welcher er wieder das ursprüngliche Ebenbild werden könne, das er in Gott war, als es — bevor Gott die Geschöpfe hervorbrachte — noch keinen Unterschied zwischen Gott und ihm gab. Und indem ich nach bestem Vermögen eingedrungen bin in den Grund der Dinge, finde ich, daß sie [diese Tugend] nichts anderes ist als Abgeschiedenheit von allem Geschaffenen. In diesem Sinne hat unser Herr zu Martha gesagt: »Einer ist not«, was bedeuten soll: Der, welcher unberührt sein möchte und rein, braucht nur ein Ding: Abgeschiedenheit.[1]

Was ist denn der Sinn von »völliger Abgeschiedenheit«? Nach Eckhart kann sie nicht »dies oder das« sein. Sie ist reines Nichts *(bloss niht)*, sie ist der äußerste Punkt, von dem aus Gott in uns wirken kann, wie es ihm gefällt.

Völlige Abgeschiedenheit ist ohne Beziehung zu den Geschöpfen, ohne Demut ihnen gegenüber, ohne Stolz, es kümmert sie nicht, hoch oder niedrig zu sein, sie ist nur Herr ihrer selbst, nichts liebend, nichts hassend, hat weder Ähnlichkeit noch Unähnlichkeit, weder dies noch das, mit irgendeinem Geschöpf gemeinsam. Alles, was sie wünscht, ist, sie selbst zu sein, nichts als das. Denn entweder dies oder das sein, heißt etwas wollen. Wer dies oder das ist, ist Geschöpf. Abgeschiedenheit aber will nichts. Sie läßt alle Dinge unberührt.[2]

Während der Buddhismus Nachdruck legt auf die Leerheit aller »zusammengesetzten Dinge« *(skandha)* und daher metaphysisch zu verstehen ist, besteht Eckhart hier auf der psychologischen Bedeutung des »reinen Nichts«, so daß Gott Einzug halten kann in

---

[1] Blakney, S. 82. Das deutsche Wort Abgeschiedenheit scheint mit dem Sanskritbegriff *anabhinivesa* oder *asanga* übereinzustimmen (japanisch *mushujaku* und chinesisch *wu chih chu*), was so viel wie »nicht anhangen«, »nicht haften« bedeutet.

[2] Evans, S. 341 f., laut Suzuki »with a little change«, also mit einer kleinen Abänderung.

die Seele, ohne Widerstand von seiten des Individuums. Doch kann das Leermachen der Seele — ihr Selbstlos-werden — vom praktischen Gesichtspunkt aus niemals vollkommen verwirklicht werden ohne ontologisches Verständnis der Dinge, das heißt, der Nichtigkeit alles Geschaffenen. Denn das Erschaffene hat keine Realität, alle Geschöpfe sind reines Nichts, weil »alle Dinge von ihm [Gott] gemacht wurden und ohne ihn ist nichts gemacht, was gemacht ist« (Joh. 1/3). Ferner: »Hätte ein Geschöpf ein Sein außer Gott, auch nur das geringste, dann wäre Gott nicht die Ursache aller Dinge. Außerdem, kein Geschöpf wird geschaffen, denn Schöpfung wäre die Entgegennahme von Sein aus dem Nichts.«[1] Was kann das bedeuten? Wie kann irgendwelches Sein aus dem Nichts kommen oder dem Nicht-Sein? Hier schlägt die Psychologie unvermeidlich in Metaphysik um. Wir stoßen hier auf das Problem der Gottheit.

Dieses Problem wurde von Eckhart offensichtlich nicht häufig berührt, denn er warnt seine Leser wiederholt, indem er sagt: »Nun gebt acht: Ich will jetzt etwas sagen, was ich noch nie gesagt habe.« Dann fährt er fort: »Als Gott Himmel, Erde und alle Geschöpfe erschuf, da *wirkte* Gott nicht, er hatte nichts zu wirken, auch wirkte nichts *in* ihm.« Danach sagte er etwas über die Gottheit, vergißt aber nicht festzustellen: »Wieder will ich sagen, was ich noch nie gesagt habe: Gott und Gottheit sind so weit voneinander verschieden wie Himmel und Erde.« Obgleich er oft versäumt, zwischen Gottheit und Gott zu unterscheiden und das Wort »Gott« gebraucht, wo in Wirklichkeit »Gottheit« gemeint ist, ist sein Versuch, klar zu trennen, beachtenswert. Nach ihm ist Gott stets solange ein Etwas, als auch nur die Spur einer Bewegung, eines Wirkens oder Tuns mit im Spiel ist. Bei der Gottheit dagegen stoßen wir auf Unbewegtheit, auf ein Nichts, zu dem es keinen Pfad *(apada)* gibt. Sie ist vollkommenes Nichts und daher der Seinsgrund, aus dem alles Seiende kommt.

Als ich noch im Grunde, im Boden, im Strom und Quell der Gott*heit* stand, da fragte mich niemand, wohin ich wollte oder was ich täte: da *war* niemand, der mich gefragt hätte. Als ich aber ausfloß, da sprachen alle Geschöpfe: »Gott!« Fragte man mich: »Bruder Eckhart, wann gingt Ihr aus dem Hause?«, dann bin ich

[1] Blakney, S 298 f.

24

drin gewesen. So reden alle Geschöpfe von »Gott«. Und warum reden sie nicht von der Gottheit? Alles das, was in der Gottheit ist, das ist Eins, und *davon kann* man nicht reden. Gott wirkt, die Gottheit wirkt nicht, sie hat auch nichts zu wirken, in ihr ist kein Werk. Sie hat niemals nach einem Werk ausgelugt. Gott und Gottheit sind unterschieden durch Wirken und Nichtwirken. Wenn ich zurückkomme in »Gott« und dann dort nicht stehenbleibe, so ist mein Durchbrechen viel edler als mein Ausfluß. Ich allein bringe alle Geschöpfe aus ihrem geistigen Sein in meine Vernunft, auf daß sie in mir eins sind. Wenn ich in den Grund, in den Boden, in den Strom und in die Quelle der Gottheit komme, so fragt mich niemand, woher ich komme oder wo ich gewesen sei. Dort hat mich niemand vermißt, dort *ent*-wird Gott.[1]

Was mögen die Christen halten von dem »göttlichen Herzen aus reiner (oder vollkommener) Stille« — oder von »dem schlichten Herzen, der stillen Wüste, in die kein Zeichen eines anderen dringt?« Eckhart ist in völligem Einklang mit der buddhistischen *sunyata*-Doktrin, wenn er den Begriff der Gottheit zum »reinen Nichts« *(ein bloss niht)* erhöht.

Der Begriff der Gottheit übersteigt jede Psychologie. Eckhart weist darauf hin, daß er in seinen Predigten häufig Anspielungen gemacht habe auf »ein Licht in der Seele, welches unerschaffen ist« und daß »dieses Licht nicht zufriedengestellt wird von dem schlichten stillen unbewegten Wesen des göttlichen Seins, das weder gibt noch nimmt. Es will darüber hinaus wissen, wo dieses Wesen herkam.« Dieses »Wo« ist dort, wo Gott-Vater, Gott-Sohn und Gott-Heiliger Geist sich noch nicht getrennt haben. Mit dieser Quelle in Berührung kommen und wissen, was sie ist, das heißt sagen: »Wenn ich mein eigenes Gesicht sehen will, wie es war, bevor ich geboren wurde«, dann muß ich eintauchen in »die unermeßliche Leere des Reinen Tao.« Der Satz: »Sein Gesicht sehen, das man vor seiner Geburt hatte«, wird Hui-neng zugeschrieben (jap. Yeno, 713 gestorben), dem sechsten Patriarchen des Zen-Buddhismus in China. Das entspricht Eckharts Feststellung, die er als von »einer Autorität« stammend zitiert: »Gesegnet sind, die reinen Herzens sind, die hier alles Gott überlassen, wie sie taten, ehe sie noch zum Dasein erweckt waren.« Jene, die »den Wein in

[1] Quint, S. 273.

ihrem Keller noch nicht versucht« haben, mögen hier eine Frage einwerfen: »Wie kann man reden von eines Menschen Herzensreinheit vor seinem Dasein? Und wie kann man reden von unserem Gesicht, das wir hatten vor unserer Geburt?« Eckhart zitiert Augustin: »Es gibt eine Himmelstür für die Seele in die göttliche Natur — wo Seiendes zu Nichts wird.« Augenscheinlich haben wir darauf zu warten, daß die himmlische Tür durch unser wiederholtes oder unaufhörliches Klopfen geöffnet wird, wenn wir »unwissend vor Wissen, lieblos vor Liebe, dunkel vor Licht« *(von erkennen kennelos und von minne minnelos und von liehte vinster)* sind. Alles kommt aus dieser Grunderfahrung, und erst wenn dies begriffen ist, gehen wir wahrhaft ein in das Königreich der Leere, wo die Gottheit unseren unterscheidenden Verstand, gänzlich »entworden zu Nichts«, aufnimmt.

5

Was ist das: das *Reine* (absolute) *Tao?*

Ehe wir weitergehen zum *Zen*-Begriff des »Reinen Tao« oder zur Gottheit, die sich selbst als »reines Nichts« begreift, mag es ratsam sein, die *taoistische* Konzeption davon zu erläutern, wie wir sie bei Lao-tse dargelegt finden. Er war einer der frühen Denker Chinas, und »Tao« ist das Thema des *Tao-te-King,* das man ihm zuschreibt. *Tao* bedeutet wörtlich »Weg« oder »Pfad« oder »Übergang« und entspricht in mehr als einem Sinne dem Sanskritwort *Dharma.* Es ist eines der Schlüsselwörter in der Geschichte des chinesischen Denkens. Während der Taoismus seinen Namen unmittelbar davon ableitet, benutzt auch Konfuzius es ausgiebig. Doch hat es bei ihm eine eher moralische als metaphysische Bedeutung. Die Taoisten gebrauchen es im Sinne von »Wahrheit«, »letzte Wirklichkeit«, »Logos« usw. Lao-tse definiert es in seinem *Tao-te-King* folgendermaßen:[1]

> Das Tao gleicht einem leeren Gefäß,
> man schöpft aus ihm, ohne es zu erschöpfen.

[1] Suzuki zitiert aus dem *Tao-te-King* teils nach der englischen Übersetzung von Arthur Waley, teils nach eigener Formgebung. Wir haben versucht, diese englische Vorlage mit den deutschen Übertragungen von Richard Wilhelm (Diederichs Verlag) in sinnvollen Einklang zu bringen.

Es hat keinen Boden, es ist der Ursprung
aller Dinge der Welt.
Es gleicht einem Tümpel,
der niemals austrocknet,
ich weiß nicht, wessen Kind es ist.
Es scheint älter zu sein als Gott.

Im 14. Spruch gibt Lao-tse eine andere, eingehendere Charakterisierung des Tao:

Man schaut nach ihm und sieht es nicht.
Sein Name ist: Ohne Gestalt.
Man horcht nach ihm und hört es nicht.
Sein Name: Ohne Laut.
Man faßt nach ihm und faßt es nicht.
Sein Name: Unfaßlich-unfaßbar.
Diese drei Eigenschaften sind nicht zu trennen.

Sein Oben ist nicht strahlend,
Sein Unten nicht dunkel.
Es erstreckt sich endlos
und ohne Namen,
es reicht zurück bis ins Nicht-Sein:
gestaltlose Gestalt, bildloses Bild,
Unberührbarkeit.
Man geht ihm entgegen und sieht nicht sein Antlitz,
man folgt ihm und sieht nicht den Rücken.
Wer den uralten Pfad des Tao geht,
beherrscht das Wesen der Dinge von heute,
wie er die Uranfänge erkennt:
das ist das Geheimnis des Tao.

Wenn man diese Zitate mit Eckhart vergleicht, lassen sich beiden gemeinsame Gesichtspunkte erkennen. Lao-tse spricht auf seine klassische chinesische Weise aus, was der mittelalterliche Dominikanerpriester in seiner deutschen Muttersprache formuliert. Lao-tse ist dichterisch und konkret, voller Bilder, indes Eckhart, der Theologe, sich begrifflicher ausdrückt. Er würde sagen:

> Gott hat kein Vorher und kein Nachher —
> Gott ist weder dieses noch jenes —
> Gott ist höchste Klarheit.
> Allen Geschöpfen voraus, in dem ewigen Jetzt,
> habe ich schon vor dem Vater in seiner ewigen
> Stille gespielt.[1]

Zum Vergleich will ich noch eine andere Definition des Tao geben — den 25. Spruch des *Tao-te-King:*

> Sein und Nichtsein ineinander verschmolzen —
> das ist, ehe Himmel und Erde entstehen.
> So still — so leer!
> Allein ist es, für sich — und kennt keinen Wechsel.
> Es wandelt im Kreise, es ist ohne Fehl.
> Nennen wir es die Mutter der Welt.
> Ich weiß seinen Namen nicht,
> ich nenne es GROSS.
> Groß, damit meine ich: immer im Flusse.
> Immer im Flusse, damit meine ich: alle Fernen durchmessend.
> Alle Fernen durchmessend und in sich selbst zurückkehrend.
> Darum heißt es:
> Das Tao ist groß, der Himmel ist groß,
> die Erde ist groß, der Herrscher ist groß.
> Vier Große gibt es im Weltraum,
> der Herrscher ist einer davon.
> Der Mensch ist Erde, wenn er sich der Erde verschreibt.
> Er ist Himmel, wenn er sich dem Himmel verschreibt.
> Er ist Tao, wenn er sich dem Tao verschreibt.
> Möge er sich denn dem Sosein der Dinge verschreiben.

R. B. Blakney bemerkt im Vorwort zu seiner englischen *Tao-te-King*-Übersetzung, daß ihn Lao-tses Buch viele Jahre lang fasziniert habe und daß er schließlich nicht habe umhin können, seine *eigene* Übersetzung zu machen, obgleich es bereits eine ganze Anzahl solcher Übersetzungen gab. Er vermutet, daß jeder Fremde, der die chinesische Sprache überhaupt kennt und Lao-tse im Original lesen kann, genauso empfinde wie er, der neue Übersetzer. Diese Anmerkung — oder besser: dieses Bekenntnis seitens des

[1] Evans, S. 148.

Übersetzers ist höchst bezeichnend. Meiner Ansicht nach geht die Faszination, die er empfindet, nicht allein auf den Beitrag des alten Philosophen zur mystischen Literatur zurück — sondern ist teilweise auch der Sprache zuzuschreiben, in der er verfaßt ist. Es wäre vielleicht besser, zu sagen, daß der Reiz, den die chinesische Literatur auf uns ausübt, sehr häufig aus dem visuellen Eindruck jener ungelenken ideogrammatischen Schriftzeichen kommt, mit denen Gedanken oder Gefühle mitgeteilt werden. Chinesische Bücher lassen sich am besten erfassen in jenen großen, von hölzernen Druckstöcken stammenden Typen.

Neben dieser visuellen Wirkung der Ideogramme enthält die chinesische Sprache ein Element, das in anderen, besonders den indoeuropäischen Sprachen selten ist und das unmittelbarer und konkreter ausdrückt, was unsere herkömmlichen begrifflichen Worte nicht mitzuteilen vermögen. Man lese zum Beispiel den 20. Spruch des Tao-te-King im Original und vergleiche dies mit irgendeiner der greifbaren Übersetzungen. Man wird feststellen, daß den Übersetzungen durch die Bank jenes reiche, emotionale Fluidum, jene Anschaulichkeit fehlt, die wir nach mehr als zweitausendfünfhundert Jahren im Original mit tiefer Genugtuung wahrnehmen. So ist Arthur Waley ein großer Sinologe und einer der besten Interpreten chinesischen Lebens. Seine englische Übertragung des Lao-tse ist in vieler Hinsicht eine vortreffliche Arbeit, aber über die Grenzen seiner Muttersprache kann er nicht hinaus.

6

Die folgende Geschichte ist vielleicht nicht historisch verbürgt, aber sie ist unter Zen-Anhängern stark verbreitet, die sich Tatsachen gegenüber nicht immer sehr ehrerbietig verhalten. Sie ist unserer Beachtung wert, da sie die Art und Weise schildert, in der die Zen-Meister das Problem der »Leerheit« des »absoluten (reinen) Nichts«, der »stillen Wüste« behandeln — jenes »Nichts«, das jenseits liegt von »diesem und jenem«, von »Vorher und Nachher«. Die Geschichte selbst und die Kommentare entstammen einem chinesischen Zen-Text aus dem elften Jahrhundert zur Zeit der Sung-Dynastie.[1] Der Text wird in Japan häufig studiert, und

[1] Sein Titel: *Hekigan-shu* oder *Hekigan-roku*, was so viel heißt wie »Sammlung Blauer Felsen«.

manche seiner Geschichten werden als *ko-an* verwendet — als Probleme, die man den Zen-Schülern zur Lösung aufgibt.

Bodhidharma, der erste Zen-Patriarch in China, kam im sechsten Jahrhundert aus Indien nach China. Der Kaiser Wu aus der Liang-Dynastie lud ihn an seinen Hof ein. Wu, ein guter, frommer Buddhist, der die verschiedenen *Mahayana-Sutras* studierte und die buddhistischen Tugenden der Mildtätigkeit und Nächstenliebe befolgte, fragte den Lehrer aus Indien: »Die *Sutras* verweisen so häufig auf die höchste und heiligste Wahrheit — aber was ist das, ehrwürdiger Meister?«

Bodhidharma antwortete: »Unermeßliche Leere und nichts von Heiligkeit darin.«

Der Herrscher: »Aber wer seid dann Ihr, der hier vor mir steht, wenn es nichts Heiliges gibt und nichts Hohes in der unermeßlichen Leere der höchsten Wahrheit?«

Bodhidharma: »Ich weiß es nicht, Majestät.«

Der Kaiser konnte den Sinn dieser Antwort nicht begreifen, und Bodhidharma verließ ihn, um sich eine Zufluchtstätte im Norden zu suchen.

Wenn es Bodhidharmas ausdrückliche Absicht war, in China die Lehre von der »unermeßlichen Leerheit« (*sunyata*) zu interpretieren, warum antwortete er dann auf die so ungemein wichtige und das Herz der Dinge betreffende Frage des Kaisers: »Ich weiß es nicht«? Klar ist immerhin, daß Bodhidharmas Antwort nicht die eines Agnostikers gewesen sein kann, der an die Unerforschlichkeit der höchsten Wahrheit glaubt. Bodhidharmas Nicht-Wissen muß von ganz anderer Art gewesen sein. Und in Wirklichkeit war es eben das, was wir nach Eckharts Wunsch gern alle haben sollten: »Verwandeltes Wissen, kein Unwissen, das aus Mangel an Wissen kommt — sondern: aus *Wissen* muß man in dieses Unwissen kommen. Dann werden wir wissend werden mit dem göttlichen Wissen, und dann wird unser Unwissen mit dem übernatürlichen Wissen geadelt und geziert werden.«[1] Diese transzendente, göttliche, übernatürliche Art von Nicht-Wissen hätte Bodhidharma gern bei seinem kaiserlichen Freunde verwirklicht gesehen. Von unserem alltäglichen Blickpunkt aus mag Bodhidharma vielleicht zu jäh und unverbindlich erscheinen. Aber Tatsache ist, daß das Wissen (Bodhidharmas »Ich weiß es nicht«) nur gewonnen werden

[1] Quint, S. 430.

kann, indem man sich »in Vergessen und Nichtwissen« fallen läßt
(Hie muoz komen in ein vergezzen und in ein nihtwizzen) — und
daß es etwas mit dem menschlichen System des Wißbaren ganz
Unzusammenhängendes, ihm Entrücktes, Verborgenes ist, in das
man nur gelangt, wenn man in das stille Tal der reinen (absoluten)
Leere stürzt. Es gibt keine Verbindung zwischen ihm und dem
Wissen, das wir im Bereich des Relativen, in dem unsere Sinne
und unser Intellekt sich bewegen, so sehr schätzen. Die Zen-
Meister sind alle unwissende Wissende oder wissende Unwissende.
Daher bedeutet ihr »Ich weiß es nicht« nicht *unser* »Ich weiß es
nicht«. Wir dürfen ihre Antworten nicht auf der Ebene *relativen*
Wissens zu verstehen versuchen. Daher folgen ihre weiter unten
zitierten Kommentare auch keinen gewohnten Richtlinien. Sie
haben ihre eigene, einzigartige Logik. Yengo (1063—1135) gibt
seine Auslegung des *mondo* (Frage und Antwort) zwischen Bodhidharma und dem Kaiser Wu aus der Liang-Dynastie — sinn-
gemäß modernisiert — in folgenden Worten wieder:

Bodhidharma kam in dieses Land, auf dem südlichen Weg, weil
er erkannte, daß es in der chinesischen Mentalität etwas gab, das
auf die Lehre des Mahayana-Buddhismus ansprach. Er war voller
Erwartungen, er wünschte, unsere Landsleute an die Lehre des
»reinen Geistes« heranzuführen, die nicht durch Buchstaben und
gesprochene Worte vermittelt werden kann. Nur unmittelbar kann
der Geist sie ergreifen, wobei wir zur Wahrnehmung der Buddha-
natur, das heißt, zur Verwirklichung der Buddhaschaft gelangen.
Wenn dies erreicht ist, sollen wir vollkommen frei sein von jeder
Fessel und werden nicht mehr durch sprachliche Mißverständnisse
verwirrt. Denn nun hat die Wirklichkeit selbst sich in ihrer Nacktheit enthüllt, ohne Schleier. In dieser Geistesverfassung wandte
Bodhidharma sich an den Kaiser, so unterrichtete er auch seine
Schüler. Wir sahen, daß Bodhidharmas »leerer« Geist keinen
Richtlinien folgte, keinem wohlüberlegten Plan. Er handelte auf
die freiestmögliche Art, indem er alles beschnitt, was ihm den
Blick in die gänzliche Nacktheit der Buddhanatur verstellte. Hier
gab es weder gut noch böse, weder richtig noch falsch, weder Gewinn noch Verlust.

Der Kaiser Wu war ein guter Schüler buddhistischer Philosophie und wollte von dem großen Lehrer aus Indien das erste und

höchste Prinzip erklärt haben. Dieses höchste Prinzip bestand in der Identität von Sein und Nicht-Sein, über die keine Philosophie hinausreicht. Der Herrscher wollte gern wissen, ob es Bodhidharma gelingen würde, diese Grenze zu öffnen. Daher seine Frage. Bodhidharma wußte, daß jede Antwort, die er gab, ungenügend sein würde.

»Was ist Wirklichkeit? Was ist Gottheit?«

»Unermeßliche Leere und keinerlei Unterscheidung [weder Vater noch Sohn, noch Heiliger Geist].« Von keinem Philosophen mochte er in seinem Beruf auch noch so geübt sein, konnte man jemals erwarten, daß er der so gestellten Falle entginge — außer von Bodhidharma selbst, der genau wußte, wie man jede Fessel mit einem Schwertstreich zerschlägt.

Heutzutage gelingt es den meisten Leuten nicht, hinter den wirklichen Sinn von Bodhidharmas Ausspruch zu kommen, sie würden einfach »unermeßliche Leere« ausrufen, als hätten sie sie tatsächlich erfahren. Aber alles vergebens! Wie mein alter Lehrer bemerkte: »Wenn ein Mensch Bodhidharma wirklich versteht, dann findet er ihn zunächst einmal selbst zu Hause bei sich ruhig am Feuer sitzen.« Unglücklicherweise war der Kaiser Wu einer jener Menschen, die sich über die Grenzen der Sprache nicht hinwegsetzen können. Sein Blick konnte den Schein von *meum* und *tuum* nicht durchdringen. Daher seine zweite Frage: »Wer bist du, der mir gegenübersteht?« Bodhidharmas brüske Antwort: »Ich weiß es nicht«, ließ den hohen Frager nur verwirrt vor sich hinstarren. Später, als er mehr über Bodhidharma erfahren hatte und sich klar darüber wurde, wie einfältig er gewesen war, daß er die seltene Gelegenheit verpaßte, tiefer in das Geheimnis der Wirklichkeit einzudringen — da war er sehr bestürzt. Als er nach Jahren von Bodhidharmas Tod hörte, ließ er ihm eine Gedenksäule errichten mit der Inschrift: »Ach, ich sah ihn, ich traf mit ihm zusammen, ich sprach mit ihm, und ich erkannte ihn nicht. Wie beklagenswert! Nun ist alles vorbei. Ach, niemand dreht das Rad der Geschichte zurück!« Er schloß seinen Nachruf so:

»Solange der Geist auf dem Boden der Bedingtheit verharrt, so lange bleibt er im Dunkel. Doch sobald er sich in die Leerheit verliert, besteigt er den Thron der Erleuchtung.«

Nachdem Yengo die Geschichte vom Kaiser Wu beendet hat, macht er, der Kommentator, folgende Anmerkung: »Übrigens sage mir doch, wo Bodhidharma sich aufhalten könnte.« Diese Aufforderung ergeht ausdrücklich an den Leser, und der Kommentator erwartet, daß wir ihm darauf antworten. Sollen wir diese Herausforderung annehmen?

Es gibt noch einen Kommentator dieser Episode, der ein paar Jahre vor Yengo gelebt hat. Er heißt Seccho (908—1052), war ein großes literarisches Talent, und seine Erläuterungen sind in Versen voll poetischer Bilder geschrieben. Nach einer Anspielung auf den Versuch des Kaisers Wu, einen Sondergesandten zu Bodhidharma zu schicken, der nach dem Gespräch den Jangtsekiang überschritten und irgendwo im Norden eine Zuflucht gefunden hatte, fährt der Kommentator fort:

Du [der Kaiser Wu] magst all deinen Untertanen befehlen,
          ihn [Bodhidharma] einzuholen:
Nie mehr wird er sich zeigen!
Wir sind für kommende Jahrhunderte allein,
vergeblich der unwiderbringlichen Vergangenheit gedenkend.
Doch halt! Laßt uns nicht an der Vergangenheit hängen!
All über die Erde weht die kühle erfrischende Brise,
die vom Einstellen ihres Wirkens nichts weiß.

Seccho, der Meisterkommentator, läßt nun über die ganze Versammlung, vor der er seine Kommentare in Versen rezitierte, die Augen wandern und fragt: »O Brüder, ist unser Patriarch [Bodhidharma] nicht in diesem Augenblick unter uns?«

Dann, nach dieser Unterbrechung, fährt Seccho fort: »O ja, er ist hier! Laßt ihn heraufkommen und sich die Füße vor mir waschen!«

Es wäre eine aufregende Sache gewesen, wenn Eckhart an dieser Sitzung teilgenommen hätte, die im *Blühenden Königreich* stattfand, in der ersten Hälfte des elften Jahrhunderts. Aber wer weiß, ob Eckhart mir nicht zuschaut, während ich dies in der höchst modernen, höchst mechanisierten Stadt New York schreibe?

Hier noch einige Bemerkungen über die »Leerheit« oder »Leere«. Relativität ist ein Aspekt der Wirklichkeit — und nicht die Wirklichkeit selbst. Relativität ist möglich zwischen zwei oder mehreren Dingen, denn so kann eines aufs andere bezogen werden. Ähnlich ist es mit der Bewegung. Bewegung ist möglich in der Zeit. Ohne Zeit kann keinerlei Bewegung stattfinden. Denn Bewegung bedeutet, daß etwas aus sich herausgeht und zu etwas anderem wird. Ohne die Voraussetzung der Zeit ist dieses Werden undenkbar. Folglich behauptet die buddhistische Philosophie, daß all diese Begriffe — Bewegung und Relativität — ihr Wirkungsfeld haben müssen, und dieses »Feld« wird von buddhistischen Denkern als »Leere« *(sunyata)* bezeichnet.

Wenn Buddha davon spricht, daß alle Dinge vergänglich seien, ohne Dauer und ständig wechselnd, und wenn er daher lehrt, es gebe nichts in dieser Welt, auf das man sich vollkommen verlassen könne, wert, sich daran zu halten als einen Ort höchster Sicherheit — dann meint er damit, wir müßten anderswo Ausschau halten nach Dingen, die dauerhaft sind *(jo)*, die uns Seligkeit geben *(raku)*, die unabhängig sind *(ga)* und völlig frei von Befleckung *(jo)*. Gemäß dem *Nirvana-Sutra* (der Mahayana-Schule) sind diese vier Eigenschaften Eigenschaften des Nirvana, und Nirvana erreicht man, wenn man wissend ist, wenn der Geist frei geworden ist von Durst *(tanha)*, Begierde *(asava)* und Abhängigkeit *(sankhara)*. Während »Nirvana« oft für eine negativistische Vorstellung gehalten wird, haben die Mahayana-Anhänger eine ganz andere Interpretation. Denn sie sehen Unabhängigkeit *(ga, atman)* als eine seiner Eigenschaften *(guna)* an, und Unabhängigkeit ist freier Wille, also etwas Dynamisches. Nirvana ist ein anderer Name für Leere.

Das Wort »Leere« verführt aus verschiedenen Gründen dazu, mißverstanden zu werden. Der Hase oder das Kaninchen haben kein Geweih, der Schildkröte wachsen keine Haare auf dem Rücken. Das ist *eine* Art von »Leere«. Das buddhistische *sunyata* meint aber nicht Nichtvorhandensein.

Ein Feuer hat bis eben gebrannt, und nun ist nichts mehr davon zu sehen. Das ist eine andere Art von »Leere«. Das buddhistische *sunyata* meint aber nicht Erloschensein.

Die Wand grenzt den Raum ein: auf dieser Seite steht ein Tisch, auf der anderen steht nichts, der Zwischenraum ist ungenutzt. Das buddhistische *sunyata* meint aber nicht »leerer Raum«.

Nichtvorhandensein, Erloschensein, leerer Raum — all das hat nichts mit dem buddhistischen Begriff »Leere« zu tun. Die buddhistische »Leere« (oder Leerheit) liegt nicht auf der Ebene des Relativen. Sie ist absolute, vollkommene Leere, die alle Formen gegenseitiger Abhängigkeit, Subjekt und Objekt, Geburt und Tod, Gott und Welt, Etwas und Nicht, Ja und Nein, Bestätigung und Negation, übersteigt. In der Leere (oder Leerheit) der Buddhisten gibt es weder Zeit noch Raum, noch Werden, noch Nicht-Sein. Sie ist das, was all diese Dinge möglich macht. Sie ist ein Nichts voll unbegrenzter Möglichkeiten, eine Leere voll unerschöpflicher Inhalte.

Reine Erfahrung ist, wenn der Geist sich sieht, wie er sich in sich selbst spiegelt, ein Akt der Selbst-Erkenntnis, Zustand der Soheit. Das ist aber nur möglich, wenn der Geist *sunyata* selbst ist, das heißt: aller seiner möglichen Inhalte — außer dem seiner selbst — entleert. Doch zu sagen »außer dem seiner selbst« ist bereits wieder in Gefahr, mißverstanden zu werden. Denn man könnte fragen, was ist dieses »Selbst«? Darauf ließe sich allenfalls antworten, wie Augustin geantwortet hat: »Wenn du fragst, ich weiß es nicht. Aber wenn du nicht fragst, weiß ich's.«

Der folgende Dialog zwischen zwei Zen-Meistern der Tang-Dynastie wird uns helfen, zu zeigen, welcher Methode sich Zen bedient, um die Idee des »Selbst« mitzuteilen. Ein Meister namens Isan (771–853) arbeitete mit seinen Schülern im Garten. Sie waren beim Teeblätterpflücken. Er sagte zu einem seiner Schüler im Garten, zu Kyozan, der selbst ein Meister war: »Wir haben nun den ganzen Tag über Teeblätter gepflückt. Ich höre nur deine Stimme und sehe nicht deine Gestalt. Zeige mir deine uranfängliche Gestalt.« Kyozan schüttelte die Teebüsche. Isan sagte: »Du hast mir eben die Wirkung gezeigt, aber nicht das Wirkende.« Kyozan sagte darauf: »Wie wäre deine Antwort?« Isan hielt eine Weile still. Daraufhin sagte Kyozan: »Du hast mir das Wirkende gezeigt, aber nicht die Wirkung.« Isans Schlußfolgerung war: »Ich erlasse dir zwanzig Hiebe mit meinem Stock.«

Innerhalb der Zen-Philosophie mag das in Ordnung sein, da diese beiden Meister wissen, was einer dem anderen zu enthüllen sich bemüht. Aber Sache der Philosophen unserer Zeit ist es, den Hintergrund jener Erfahrung zu erkennen oder zu sondieren, auf dem diese Zen-Meister stehen, und zu versuchen, ihn nach besten Kräften zu erläutern. Die Meister sind nicht einfach damit beschäftigt, die Teilnehmer an ihren Handlungen und Gesprächen zu foppen.

Die Aussage »leer« ist bereits eine Verneinung ihrer selbst. Aber man kann nicht stumm bleiben. Das Problem ist, die Stille mitzuteilen, ohne sie zu verlassen. Aus diesem Grunde vermeidet Zen es soviel wie möglich, Zuflucht zur Sprache zu nehmen, und bemüht sich, uns *hinter* die Worte dringen zu lassen, damit wir gleichsam — was dort ist — ausgraben. Eckhart tut das unentwegt in seinen Predigten. Er wählt einige harmlose Worte aus der Bibel und läßt sie ein »Inneres« aufdecken, das er in seiner unbewußten Bewußtheit erfährt. Sein Gedanke liegt keineswegs in den Worten selbst. Er macht sie zu Instrumenten seiner eigenen Absichten. Auf ähnliche Weise bedient sich der Zen-Meister irgendwelcher Dinge um ihn herum, einschließlich der eigenen Person, irgendwelcher Bäume, Steine, Stöcke usw. Er mag dann laut schreien, schlagen oder Fußtritte austeilen. Hauptsache ist, es wird klar, was hinter all diesen Handlungen steckt. Um zu zeigen, daß die Wirklichkeit »Leere« ist, kann er stillstehen mit gefalteten Händen über der Brust. Wenn ihm eine weitere Frage gestellt wird, mag er die Teepflanze schütteln oder wortlos davongehen oder dem Frager einen Stockhieb versetzen.

Zuweilen ist der Meister poetischer und vergleicht den Geist der »Leere« mit dem Mond, nennt ihn den »Geist-Mond« oder den Mond der So-heit. Ein alter Meister der Zen-Philosophie singt von diesem Mond:

> Der Geist-Mond ist einsam und vollendet:
> das Licht verschlingt die zehntausend Dinge.
> Es stimmt nicht, daß das Licht die Welt erhellt,
> noch daß die Welt der Dinge existiert.
> Licht, Welt und Dinge sind dahin,
> und das, was bleibt — was ist's?

Der Meister läßt die Frage offen. Würde sie beantwortet, wäre der Mond nicht mehr da. Wirklichkeit spaltet sich auf, und Leere mündet in Leere. Wir sollten die Sicht auf den ursprünglichen Mond nicht verlieren, den uranfänglichen Geist-Mond, und der Meister möchte, daß wir uns auf ihn besinnen, denn bei ihm haben wir begonnen. Leere ist nicht leerer Raum, in sich enthält sie unbegrenztes Licht, und alle Vielfalt der Welt nimmt sie in sich auf.

Die buddhistische Philosophie ist die Philosophie der »Leere«, die Philosophie der Selbst-Identität. Selbst-Identität ist zu unterscheiden von bloßer Identität. Bei bloßer Identität gibt es zwei Objekte, die als miteinander identisch festgestellt werden. Bei der Selbst-Identität gibt es nur ein Objekt oder Subjekt, ein einziges, und dieses eine stellt seine Identität fest, indem es aus sich herausgeht. Selbst-Identität schließt also Bewegung ein. Und wir stellen fest: Selbst-Identität ist Geist, der aus sich herausgeht, um sich in sich selbst gespiegelt zu sehen. Selbst-Identität ist das logische Substrat reiner Erkenntnis oder von »Leere«. In der Selbst-Identität gibt es keinerlei Widersprüche. Die Buddhisten nennen dies So-heit.

Ich sprach einmal mit einer Gruppe von Kunstliebhabern über die buddhistische Lehre von der »Leerheit« und So-heit, wobei ich versuchte zu zeigen, wie sich die Lehre zu den Künsten verhält. Das Folgende ist ein Teil meiner Rede. Um ehrlich zu sein, fühle ich mich im Grunde nicht qualifiziert, etwas über die Künste zu sagen, denn ich habe keinen künstlerischen Trieb, keine künstlerische Ausbildung und habe auch nicht viel Gelegenheit gehabt, bedeutende Kunstwerke zu sehen. Alles, was ich sagen kann, ist also mehr oder weniger theoretisch.

Nehmen wir die Malerei. Ich höre oft chinesische oder japanische Kunstkritiker erklären, die morgenländische Kunst stelle Geist und nicht Form dar. Denn, sagen sie, die Form erschaffe sich selbst, wenn der Geist erfaßt sei. Hauptsache sei es, in den Geist der Sache einzudringen, die sich der Maler zum Gegenstand wähle. Der Westen andererseits betont die Form, bemüht sich, den Geist durch das Mittel der Form zu ergreifen. Der Osten ist genau gegenteiliger Auffassung: für ihn ist der Geist alles. Und er denkt, wenn der Künstler den Geist erfaßt, dann enthüllt sein Werk mehr, als Farben und Linien darstellen können. Ein wirklicher Künstler ist für ihn ein Schöpfer, kein Nachahmer. Er hat Gottes Werkstatt aufgesucht und die Geheimnisse der Schöpfung erfahren — der Schöpfung von Etwas aus Nichts.

Bei einem solchen Maler ist jeder Pinselstrich Schöpfungswerk — und er kann nicht noch einmal gemacht werden, weil Schöpfung keine Wiederholung erlaubt. Gott kann seinen Machtspruch nicht aufheben, er ist endgültig, unwiderruflich, ein Ultimatum. Der Maler kann sein eigenes Werk nicht noch einmal erzeugen. Wenn auch nur ein einziger seiner Pinselstriche absolut ist, vollkommen — wie sollte dann die ganze Bildstruktur oder Komposition wiederholt werden können, da diese doch die Synthesis all seiner Striche ist, von denen jeder auf das Ganze gerichtet war?

Genauso ist jede Minute eines Menschenlebens — so lange dieses Ausdruck seines inneren Selbst ist — original, göttlich, schöpferisch und kann nicht wiederholt, nicht korrigiert werden. So ist jedes individuelle Leben ein großes Kunstwerk. Ob man daraus ein unnachahmliches Meisterwerk macht oder nicht — das hängt davon ab, wie bewußt uns das Wirken von *sunyata* in uns selbst ist.

Wie gelangt der Maler nun zum Beispiel in den Geist der Pflanze, wenn er einen Hibiskus malen will, wie Mokkei (Mu-chi) ihn im dreizehnten Jahrhundert auf seinem berühmten Bild malte, das jetzt als nationaler Kunstschatz im Daitokujo-Tempel von Kyoto aufbewahrt wird? Das Geheimnis ist, die Pflanze selbst zu werden. Kann sich aber ein menschliches Wesen in eine Pflanze verwandeln? Insofern er danach trachtet, eine Pflanze oder ein Tier zu malen, muß in ihm etwas sein, daß der Pflanze oder dem Tier auf die eine oder andere Weise entspricht. Und wenn das so ist, dann sollte der Mensch fähig sein, das Objekt zu werden, das er zu malen wünscht.

Die künstlerische Disziplin besteht darin, die Pflanze von innen her in einem Geist zu studieren, der sorgfältig von allen subjektiven egozentrischen Inhalten gereinigt ist. Das bedeutet, den Geist in Einklang zu bringen mit der »Leerheit« oder So-heit, wobei der, welcher dem Objekt gegenübersteht, aufhört, außerhalb des Objektes zu sein — sondern sich in das Objekt selbst verwandelt. Diese Identifikation befähigt den Maler, das Pulsieren des einen und selben Lebens zu spüren, das ihn und das Objekt gemeinsam durchflutet. Und das ist gemeint, wenn davon die Rede ist, daß sich das Subjekt im Objekt verliere und daß, wenn der Maler sein Werk beginnt, nicht er, sondern das Objekt selbst darin wirke. Sein Pinsel und sein Arm und seine Finger werden dann gehorsame Diener des Geistes seines Objekts. Der Gegenstand malt sich selbst. Der Geist sieht sich gespiegelt in sich selbst. Auch das ist ein Fall von Selbst-Identität.

Es heißt, Henri Matisse habe etwas, das er vorhatte zu malen, wochenlang, ja monatelang angeschaut, bis dessen Geist sich in ihm zu regen begann, ihn trieb, ja ihm drohte, ihm nun Ausdruck zu geben.

Jemand, wurde mir erzählt, der über moderne Kunst schreibt, hat gesagt, daß die Vorstellung, die ein Künstler von einer geraden Linie hat, verschieden sei von der eines Mathematikers, denn für den ersteren verschmelze diese Vorstellung mit der einer Kurve. Ich weiß nicht, ob das ganz korrekt zitiert ist, aber die Bemerkung ist höchst einleuchtend. Denn eine gerade Linie, die immer gerade bleibt, ist eine tote Linie, und die Kurve, die nichts anderes als Kurve sein kann, ist ebenfalls tot. Wenn beide überhaupt lebende Linien sein wollen, und das sollte bei jeder künstlerischen Produktion der Fall sein, dann muß die gerade Linie gekrümmt und die Kurve gerade sein. Außerdem sollte in jeder Linie etwas von dem sein, was man »Raum-Spannung« nennt. Jede lebende Linie bewegt sich nicht nur auf einer Ebene, sie ist von Blut durchpulst, sie ist dreidimensional.

Ich habe ferner gehört, daß für einen Künstler Farben nicht nur einfach rot oder blau sind, nicht nur das, was man an ihnen sieht — sondern daß sie beladen sind mit Gefühl. Und das heißt, daß Farben für den Maler etwas Lebendiges sind. Wenn er »rot« sieht, so kommt dieses Rot aus seiner eigenen Welt. Der Künstler gibt der Farbe ein Herz. Das Rot erschöpft sich nicht darin, eine der sieben Farben zu sein, die das Prisma enthüllt. Als etwas Lebendiges ruft es zugleich alle anderen Farben auf und bringt sie in Einklang mit seinen eigenen inneren Antrieben. »Rot« ist für einen Künstler kein bloßes physikalisches oder psychologisches Ereignis, es verfügt über geistige Kraft.

Diese Vorstellungen sind bemerkenswert »östlich«. Es gibt noch eine andere treffende Bemerkung eines westlichen Künstlers. Danach fühlt dieser, wenn er von irgendeiner Vision ganz in Anspruch genommen ist, wie sich bestimmte Möglichkeiten neben der visuellen Vorstellung in ihm regen, die nach Ausdruck verlangen. Das Leben des Künstlers ist eben das eines Schöpfers. Gott schuf die Welt nicht, nur um irgend etwas zu machen. Er war von einem bestimmten inneren Antrieb beseelt, er wünschte sich in seiner

Schöpfung gespiegelt zu sehen. Das ist gemeint, wenn die Bibel davon spricht, daß Gott den Menschen nach seinem Bild gemacht habe. Aber nicht der Mensch allein ist Gottes Ebenbild, die ganze Welt ist sein Bild, selbst der armseligste Floh, würde Eckhart sagen, hat in seiner Ist-heit an Gottes Ist-heit teil. Und auf Grund dieser Ist-heit bleibt die ganze Welt in Bewegung. Genauso ergeht es dem Künstler. Indem er seine Werke mit seiner Ist-heit durchtränkt, sind sie belebt von seinem Geist. Der Künstler selbst mag sich all dessen nicht bewußt sein, Zen aber ist es, Zen weiß und ist daher vorbereitet darauf, dieses Wissen jenen mitzuteilen, deren eigener Geist eine Affinität dafür hat. Die Ist-heit von etwas besteht nicht einfach darin, so und so zu sein, sondern sie enthält zahllose Möglichkeiten in sich, welche die Buddhisten im Chinesischen *tê* nennen, im Japanischen *toku* und *guna* in Sanskrit. Darin liegt »das Geheimnis des Seins«, welches »die Unerschöpflichkeit der Leere« ist.

Die folgende Geschichte von Rakan Osho (Lohan Hoshang) aus Shoshu in China, der im neunten Jahrhundert lebte, sei hier zitiert, um darzulegen, wie Zen jemandes Anschauung vom Leben umwandelt und ihn wahrhaft in die Ist-heit, das Wesen der Dinge blicken läßt. Die Verse erzählen von Rakans eigener Erfahrung.

Es war im siebenten Jahr von Hsien-tung [867 n. Chr.],
    als ich zum erstenmal das Studium des Tao [d. i. des Zen] aufnahm.
Wo immer ich ging, stieß ich auf Worte und verstand sie nicht.
Ein Haufen Zweifel in mir, verflochten wie die Ruten eines Weinkorbs.
Drei Jahre lang hauste ich unglücklich in den Wäldern am Strom.
Als es mir unerwartet geschah, den Dharmaraja [Zen-Meister] zu treffen, wie er auf seinem Teppich saß,
ging ich auf ihn zu mit der dringenden Bitte, mir die Zweifel zu zerstreuen.
Der Meister erhob sich vom Teppich, auf dem er gesessen hatte, tief versunken in Meditation,
er entblößte den Arm und gab mir mit der Faust einen Schlag gegen die Brust.

Das zersprengte mit einmal den Klumpen Zweifel in mir gänz-
lich in Stücke.
Ich hob meinen Kopf und sah zum erstenmal, daß die Sonne
rund war, ein Ball.
Seitdem bin ich der glücklichste Mensch auf der Welt, ohne
Furcht, ohne Plage.
Tagein, tagaus verbringe ich meine Zeit auf die lebendigste
Weise.
Nur mein Inneres nehme ich wahr, das überquillt von einem
Gefühl der Zufriedenheit und der Fülle.
Nicht länger gehe ich aus, einmal hier-, einmal dorthin, mit
meiner Bettelschale um Nahrung.[1]

Was am allerwichtigsten ist an dieser Verserzählung über Rakan
Oshos Erfahrung, das ist die Tatsache, daß er »zum erstenmal gewahrte: die Sonne ist rund«. Jedermann kennt und sieht die
Sonne, und auch Osho muß sie sein ganzes Leben lang gesehen
haben. Weshalb verweist er dann besonders darauf, daß sie rund
ist, wie wenn er sie zum erstenmal überhaupt gesehen hätte? Wir
alle glauben zu leben, wir essen, schlafen, gehen spazieren, sprechen. Aber leben wir deshalb tatsächlich? Täten wir es, wir sprä-
chen nie von »Schrecken«, »Ungewißheit«, »Furcht«, »Enttäuschung«, »Lebensmut«, »Blick in den Abgrund« und vom »dem
Tod-ins-Gesicht-sehen«.

II

DIE GRUNDLAGE
DER BUDDHISTISCHEN PHILOSOPHIE

1

Die buddhistische Philosophie ruht auf der Erfahrung, die
Buddha vor etwa zweieinhalb Jahrtausenden machte. Um zu begreifen, was buddhistische Philosophie ist, müssen wir daher wissen, worin diese Erfahrung bestand, die Buddha nach sechs Jahren

[1] *Die Übertragung des Lichtes (Dentoroku)*, Heft XI.

angestrengten Denkens, asketischer Bußübungen und Meditationen zuteil wurde.

Gemeinhin sind wir der Auffassung, Philosophie sei eine Sache des reinen Intellekts, und die beste Philosophie komme daher aus einem Kopf mit den reichsten Anlagen an intellektuellem Scharfsinn und dialektischem Unterscheidungsvermögen. Aber das ist nicht der Fall. Gewiß, wer arm an intellektuellen Fähigkeiten ist, wird schwerlich ein guter Philosoph sein. Trotzdem reicht Intellekt allein nicht aus. Hinzukommen muß eine starke Vorstellungskraft, hinzukommen muß unbeugsame Kraft des Willens, hinzukommen muß die tiefe Einsicht in die Natur des Menschen, und endlich auch muß der unbeirrbare Blick für die Wahrheit da sein. Und das alles muß im Wesen des Betreffenden eine Synthese eingehen. Ich möchte dieses Bild vom »Blick« für die Wahrheit, vom »Sehen« der Wahrheit ausdrücklich betonen. Es genügt nicht, zu »wissen«, wie man dieses »Sehen« gewöhnlich versteht. Wissen ist oberflächlich, solange es sich nicht mit persönlichen Erfahrungen verbindet — und keine Philosophie kann auf solch unsicherem Grund errichtet werden. Sicherlich gibt es, vermute ich, viele Gedankensysteme ohne die Basis realer Erfahrungen, doch sind diese wenig begeisternd. Sie mögen hübsch anzusehen sein, allein ihre Kraft, den Leser zu bewegen, ist gleich Null. Über welches Wissen der Philosoph auch immer verfügen mag, es muß seiner Erfahrung entstammen — und Erfahrung heißt »sehen«. Buddha hat das immer betont. Er koppelt »wissen« *(nana, jnana)* mit »sehen« *(passa, pasya)*, denn ohne Sehen hat Wissen keine Tiefe, kann es die Realitäten des Lebens nicht erfassen. Daher ist die erste Bedingung des »Edlen Achtfachen Pfades«: *sammadassana*, rechtes Sehen — und *sammasankappa*, rechtes Wissen, kommt danach. Sehen ist erfahren — und zwar die Dinge in ihrer So-heit *(tathata)*, ihrer Ist-heit, sehen. Buddhas ganze Philosophie kommt aus diesem »Sehen«, diesem Erfahren. *Die* Erfahrung, welche die Grundlage der buddhistischen Philosopie bildet, wird »Erleuchtungs-Erfahrung« genannt, denn diese Erleuchtungs-Erfahrung wurde von Buddha nach sechs Jahren angestrengten Nachdenkens und tiefer Reflexion gemacht — und alles, was er später lehrte, entfaltete sich aus jener inneren Wahrnehmung, die er damals hatte.

Worin bestand nun diese Erleuchtungs-Erfahrung?

2

Grob gesprochen können wir sagen, daß es zwei Wege gibt, sich dieser Frage zu nähern. Der eine Weg ist der objektive, der andere der subjektive. Auf dem objektiven Weg der Annäherung sucht man herauszufinden, was Buddha nach seiner Erfahrung zunächst an rational Verstehbarem äußerte, insoweit es die Grundlage seiner Lehre bildet. Das heißt also, was lehrte er als erstes? Welches war die Hauptthese, die zu predigen er sein ganzes Leben lang fortfuhr? Auf diese Weise wird man entdecken, was das Charakteristische der buddhistischen Lehre ausmacht, zum Unterschied von der Lehre der übrigen indischen Denker. Der zweite, subjektiv genannte Zugang besteht darin, daß man Buddhas Äußerungen prüft, die seine unmittelbarsten Gefühle nach der Erleuchtungs-Erfahrung widerspiegeln. Der erste Zugang ist metaphysischer Art, der zweite psychologisch oder existentiell. Beginnen wir mit dem ersten.

Was man überall in der Welt als buddhistisches Denken ansieht — ohne Rücksicht auf die Verschiedenartigkeit der Ausdeutung —, das ist die Lehre vom *anatta* oder *anatman*, das heißt, die Lehre von Nicht-Ich. Ihre Argumentation beginnt mit dem Gedanken, daß erstens alle Dinge vergänglich oder flüchtig, weil zusammengesetzt (*skandha* oder *khandha*) sind, daß sie sich unentwegt in ihre Bestandteile auflösen, daß es nichts von Dauer gibt — und daß demzufolge zweitens nichts in dieser Welt, dem anzuhangen sich lohnte, existiert, wo jeder von uns dazu bestimmt ist, jede Spielart der Sorge und des Leidens zu erdulden. Wie entgehen wir dem? Oder: wie überwinden wir Sorge und Leiden? Denn so kann man nicht weiterleben. Irgendeinen Weg aus dieser Folter müssen wir finden. Es war, im einzelnen wie im allgemeinen, dieses Gefühl der Furcht und der Unsicherheit, das Buddha veranlaßte, sein Zuhause zu verlassen und sechs Jahre lang herumzuwandern auf der Suche nach einem Ausweg — nicht nur für sich selbst, sondern für die ganze Welt. Schließlich entdeckte er ihn, indem er auf den Gedanken vom Nicht-Ich (*anatta*) verfiel. Der Satz lautet so:

Alle zusammengesetzten Dinge (*sankhara*) sind unbeständig. Wenn ein Mensch in seiner Weisheit (*panna*) dieses erfaßt, achtet er der leidvollen Welt nicht. Das ist der Pfad der Reinheit.

Alle zusammengesetzten Dinge sind leidvoll. Wenn ein Mensch in seiner Weisheit dieses erfaßt, achtet er der leidvollen Welt nicht. Das ist der Pfad der Reinheit.

Alle Dinge (*dhamma*) sind ich-los. Wenn ein Mensch dies in seiner Weisheit erfaßt, achtet er der leidvollen Welt nicht. Das ist der Pfad der Reinheit.[1]

Worauf ich die besondere Aufmerksamkeit des Lesers lenken möchte, das ist das Wort »Weisheit«, *pana* oder *prajna* in Sanskrit: ein ungemein wichtiges Wort in der ganzen buddhistischen Philosophie. Wir wissen, daß das »Sehen« im Buddhismus sehr oft stark betont wird, dabei dürfen wir freilich nicht versäumen, uns zu vergegenwärtigen, daß »Sehen« nicht einfach das gewöhnliche Sehen ist, das Sehen vermittels relativer Kenntnisse. Vielmehr ist mit ihm das Sehen mit Hilfe eines *prajna*-Auges gemeint, eine spezifische Art von Intuition nämlich, die uns befähigt, mitten in den Urgrund der Wirklichkeit selbst einzudringen. Ich habe mich an anderer Stelle (in den »Studies in Zen«, London, Rider & Comp., 1955) ausführlich über *prajna* und seine Rolle im buddhistischen Lehrsystem, besonders im Zen-Buddhismus, verbreitet.

Die Lehre vom Nicht-Ich verwirft nicht nur den Gedanken an eine Ich-Substanz, sondern erklärt auch den Ich-Gedanken als solchen für illusorisch. Solange wir in dieser Welt einzelner begrenzter Existenzen leben, können wir nicht umhin, den Gedanken an ein individuelles Ego zu hegen. Doch verbürgt das die Wirklichkeit und Substantialität des Ego oder Ich noch keineswegs. Die moderne Psychologie hat ja in der Tat mit der Ganzheit des Ich aufgeräumt. Der Ich-Begriff ist einfach eine brauchbare Hypothese, vor deren Hintergrund wir unsere praktischen Geschäfte betreiben. Das Ich-Problem gehört aber in den Bereich der Metaphysik. Wenn man wirklich begreifen will, was Buddha meinte, als er sagte, es gibt keinen *atman*, muß man die Psychologie hinter sich lassen. Denn es genügt nicht, einfach festzustellen, es gebe keinen *atman*, wenn wir wirklich das Ende des Leidens erreichen und so zum Frieden mit uns und der ganzen Welt ge-

---

[1] *Dhammapadam*, hier zitiert nach der englischen Übersetzung von S. Radhakrishnan (Oxford University Press, 1951), Vers 277-279. Suzuki folgt ihm mit seinen Zitaten in diesem Buch jedoch nicht immer.

langen wollen. Wir müssen über etwas Positives verfügen, um uns im sicheren Hafen sicher verankert zu fühlen. Bloße Psychologie kann uns das nicht geben. Wir müssen schon ein größeres Feld der Wirklichkeit betreten, auf dem *prajna*-Intuition mit ins Spiel kommt.

Solange wir uns im Bereich der Sinne und des Intellekts bewegen, sind wir besessen von der Idee eines individuellen Ichs, jagen wir ewig hinter dem Schatten des Ichs her. Aber das Ich ist etwas, das sich stets unserem Zugriff entzieht. Wenn wir glauben, es eingefangen zu haben, müssen wir erkennen, daß es nicht *mehr* ist als die leere Haut einer Schlange, indes das wahre Ich irgendwo sonst ist. Das schlangenhafte menschliche Ich ist mit zahllosen Häuten umgeben, bevor der Fänger es faßt, wird er völlig erschöpft sein. Und dies ist das Werk von *prajna*. Das Wunder, das *prajna* vollbringt, besteht darin, das Ich als Akteur mitten in Aktion einzufangen — *prajna* zwingt es nicht, die Aktion einzustellen, damit man es als Akteur sehen kann. Akteur und Aktion, Aktion und Akteur sind eins — und über dieser »Einsheit« oder Identität wacht *prajna*. Das Ich tritt nicht aus sich heraus, um sich zu sehen. Es bleibt in sich selbst und sieht sich gespiegelt in sich selbst. Sobald sich aber etwas einschiebt zwischen das Ich als Akteur und das Ich als Beobachter oder Zuschauer, wird *prajna* gespalten, und alles ist verloren.

Eckhart drückt dieselbe Erfahrung in Worten der christlichen Theologie aus. Er spricht von Vater, Sohn, Heiligem Geist und Liebe. Diese Begriffe klingen buddhistischen Ohren unvertraut — wenn sie aber mit einer gewissen Einsicht gelesen werden, wird man finden, daß »die Liebe, mit der er [Gott] sich selbst liebt« das gleiche ist wie die *prajna*-Intuition, die ins Ich selbst hineinblickt. Eckhart sagt: »Indem Gott uns seine Liebe gab, gab er uns seinen Heiligen Geist, also daß wir ihn lieben können mit der Liebe, mit welcher er sich selbst liebt. Wir lieben Gott mit seiner eigenen Liebe. Dies zu wissen macht uns göttlich.« Der Vater, der den Sohn liebt, und der Sohn, der den Vater liebt — diese wechselseitige Liebe (das heißt: Liebe, die sich selbst liebt) entspricht in der Zen-Terminologie dem *einen* Spiegel, der — ohne daß ein Schatten zwischen ihnen entstünde — den *anderen* spiegelt. Eckhart nennt dies »das in der Vater-Natur stattfindende Spiel. Spiel und Zuschauen fallen in eins.« Er fährt fort:

Dieses Spiel wird, seit Ewigkeiten, vor aller Schöpfung gespielt. Wie es im Buch der Weisheit geschrieben steht: Vor aller Schöpfung, in dem ewigen Nun [Augenblick, Jetzt], habe ich in ewiger Stille vor dem Vater gespielt. Seit Ewigkeiten spielt der Sohn vor dem Vater und der Vater vor dem Sohn. Ihr Spiel ist der Heilige Geist, in dem beide sich regen und der sich in ihnen regt. Spiel und Spieler sind eins. »Gott ist ein Quell, der in sich selbst zurückfließt«, wie der heilige Dionysius sagt.[1]

Prajna-Intuition kommt aus sich selbst und kehrt in sich selbst zurück. Das Ich oder Selbst, das sich unserem rationalistischen Zugriff fortwährend entzog, wird schließlich eingeholt von der *prajna*-Intuition, die nichts anderes als das Selbst ist.

Buddhisten sprechen im allgemeinen von der Ichlosigkeit (*anatta* oder *anatmya*) aller Dinge, doch sie vergessen, daß die Ichlosigkeit der Dinge wirklich erst begriffen werden kann, wenn man sie (die Dinge) mit dem Auge der *prajna*-Intuition sieht. Die psychologische Annullierung einer Ichsubstanz genügt nicht, dabei bleibt das Licht des *prajna*-Auges noch immer verhüllt. Eckhart sagt: »Gott ist ein Licht, das in schweigender Unbewegtheit sich selbst leuchtet.« Solange unser intellektuelles analytisches Auge eifrig den Schatten der Wirklichkeit — diesen nur halb durchdringend — verfolgt, solange wird nicht die schweigende Unbewegtheit absoluter Identität herrschen, in der *prajna* sich gespiegelt sieht in sich selbst. Eckhart befindet sich in Übereinstimmung mit der buddhistischen Erfahrung, wenn er fortfährt: »Das Wort des Vaters ist nichts anderes als seine Erkenntnis seiner selbst. Die Erkenntnis des Vaters erkennt, *daß* er erkennt — und daß seine Erkenntnis erkennt, ist dasselbe wie daß *er* es ist, der erkennt. Das heiße ich das Licht vom Lichte.«[2]

Die psychologische Analyse, die über die Ichlosigkeit des psychologischen Ich nicht hinausdringen kann, versagt, wenn es darum geht, in die Ichlosigkeit aller Dinge *(dharma)* zu sehen, welche dem Auge der *prajna*-Intuition nicht als etwas von rein negativem Wert erscheinen — sondern als etwas voll unendlicher Möglichkeiten. Erst wenn das *prajna*-Auge das Wesen aller Dinge *(sarvadharma* oder *sabbe dhamma)* durchdringt, entbindet deren Ichlosigkeit positive konstruktive Energien, indem sich zunächst einmal

[1] Evans, S. 147 ff. [2] Evans, S. 146.

die Wolkenschleier der Maya zerstreuen, indem alle Gerüste der
Illusion zerstört werden und so schließlich eine Welt aus völlig
neuen Werten ersteht, die auf *prajna* (Weisheit) und *karuna*
(Liebe) beruht. Die Erleuchtungs-Erfahrung meint infolgedessen
das Hinausgehen über den Bereich der Psychologie, die Öffnung
des *prajna*-Auges und (damit verbunden) das Schauen ins Land
der letzten Wirklichkeit, das Landen auf dem anderen Ufer des
samsara-Stroms, wo alle Dinge im Zustand ihrer So-heit, in ihrer
Reinheit geschaut werden. Das heißt, daß dann der Mensch sich in
seinem Geist frei fühlt von allen Dingen *(sabbhatta vimuttama-
nasa)*, unverstört durch die Vorstellungen von Geburt und Tod,
ständigem Wechsel, Vorher, Nachher und Inmitten. Er ist der
»Sieger«, den der »Wahrheitspfad« *(Dhammapadam)* so charak-
terisiert:

> Ihm, dem den Sieg nicht einer mehr entreißt,
> dem niemand auf dem Siegespfade folgt —
> auf welcher Spur wollt ihr ihm folgen,
> ihm, dem Erwachten, ohne Spur?

Ein solcher Erwachter ist ein vollkommener Sieger, und niemand folgt seinen Spuren, da er keine Spur hinterläßt. Hinter-
ließe er Spuren, wäre das der Weg, ihn zu besiegen. Das Reich,
in dem er lebt, hat keine Grenzen, es gleicht einem Kreis mit un-
endlichem Umfang, einem Kreis ohne Zentrum, zu dem kein Weg
führen kann. Dieser Mensch ist jener, den Zen als einen Menschen
von *anabhogacarya*, als Menschen ohne Aufwand an Mühe, Ehr-
geiz, Streben nach Nutzen oder Nützlichkeit beschreibt.[1] Das entspricht Eckharts Mann der Freiheit, den er kennzeichnet als einen,
»der an nichts hängt und dem nicht anhängt«.[2] Da diese Definitio-
nen leicht an die Lehre vom Nicht-tun oder Nicht-handeln erinnern, müssen wir uns bewußt machen, daß die Buddhisten große
Anhänger dessen sind, was als die Lehre von *karuna* und *pranidhana* bekannt ist, worüber der Leser weiter unten Aufschluß erhält.

---

[1] *Studies in the Lankavatara Sutra*, S. 223 ff.   [2] Evans, S. 146.

Wenn die Ichlosigkeit aller Dinge, gesehen durch *prajna*, das uns über Sorgen und Leiden hinausträgt und auf den »Pfad der Reinheit« führt, in dem hier erläuterten Sinne verstanden wird, dann ist uns der Weg zum Verständnis jener Verse geebnet, die als »Siegeshymne« bekannt sind. Die Hymne wird herkömmlicherweise Buddha zugeschrieben, der sie zur Zeit seiner Erleuchtung verfaßt haben soll. Sie sagt etwas mehr aus über den subjektiven Aspekt seiner Erfahrung, was uns die Prüfung des Inhalts dieser Erleuchtung erleichtert. Während die »Ichlosigkeit der Dinge« Buddhas durchdachte metaphysische Interpretation seiner Erfahrung darstellt, gibt die Siegeshymne seine unmittelbare Reaktion wieder und versetzt uns damit in die Lage, einen Blick in das Innere von Buddhas Geist zu werfen, einen Blick ohne den späteren Umweg über die begriffliche Fassung.

Wir können nun zu dem übergehen, was ich den zweiten Zugang nannte. Die Hymne lautet wie folgt:

> Auf der Suche nach dem Erbauer dieses Gehäuses [Zeltes]
> durchlief ich vergeblich den Kreislauf vieler Geburten.
> Und immer leidvoll ist die Geburt.
> Nun aber, Ersteller des Zeltes, bist du erkannt,
> du sollst es nicht wieder errichten.
> All deine Sparren sind zerbrochen,
> alle Rippen zerschmettert.
> Frei aller Bande, erlöst,
> ist der Geist dort angelangt, wo alle Wünsche erlöschen.[1]

Das Wesentliche hierin ist Buddhas Erfahrung, frei von den Fesseln geworden zu sein, die ihn so lange gebunden hielten. Das höchste Bewußtsein, das seinen Geist zur Zeit der Erleuchtung erfüllte, war, daß er sich nicht länger als Sklave dessen fühlte, was er »den Ersteller des Zeltes« nennt oder den »Erbauer dieses Gehäuses«, also *gahakaraka*. Er fühlt sich selbst nun als frei handelnde Kraft, Herr seiner selbst, nicht Objekt von etwas, das außer ihm ist. Er unterwirft sich nicht länger dem Diktat einer anderen Macht, aus welcher Quelle diese auch stammen mag. Das

---

[1] Zitiert nach dem *Dhammapadam* (Oxford University Press, 1936, S. 153 f.).

gahakaraka ist entdeckt, eben das, wovon er angenommen hatte, daß es hinter all seinen geistigen und körperlichen Handlungen stecke und das — solange er, Buddha, unwissend gewesen war — ihn zum Sklaven seiner Selbstherrlichkeit gemacht hatte und ihn, Buddha, getrieben hatte, seinen egozentrischen Impulsen, Begierden und Wünschen zu folgen, wie es das mit jedem tut, der seiner unkundig ist. Unter dem Zwang dieses Tyrannen war Buddha ein durchaus verächtliches Geschöpf gewesen, und eben dieses Gefühl völliger Hilflosigkeit hatte ihn so elend und unfroh gemacht, ihn jeder Art Furcht, Niedergeschlagenheit und Gram ausgeliefert. Nun aber entdeckt Buddha, was dieses *gahakaraka* ist. Und zwar weiß er es nicht nur, nein, er hat es tatsächlich *gesehen,* von Angesicht zu Angesicht, hat es »auf frischer Tat ertappt«. Das Ungeheuer, der Baumeister, der Erbauer des Gefängnisses, erkannt, gesehen, ertappt und gefangen, hört endlich auf, sein fesselndes Netzwerk um Buddha zu weben. Das ist die Bedeutung von *visankharagatam cittam:* Befreiung des Geistes von den Banden der ihn durch Bedingungen einschränkenden Elemente *(sankhara).*

Freilich dürfen wir nicht vergessen, daß das *gahakaraka* nicht tot ist, es lebt weiter und wird so lange leben, als dieses physische Dasein besteht. Es hat nur aufgehört, sich als mein Herr aufzuspielen: Ich bin im Gegenteil *sein* Herr, ich kann mich seiner bedienen, wie ich will, es ist bereit jetzt, meine Befehle entgegenzunehmen. »Frei sein von der Tyrannei seiner einschränkenden Bedingungen« heißt nicht, daß es keine Bedingungen mehr gäbe. Solange wir abhängige Existenzen sind, unterliegen wir den Bedingungen der relativen Welt, aber das Wissen, daß dem so ist, übersteigt die Bedingtheit, die Abhängigkeit und erhebt uns über sie. Hieraus resultiert das Gefühl von Freiheit, wobei »Freiheit« niemals Gesetzlosigkeit, Mutwillen, Zügellosigkeit meint. Diejenigen, die Freiheit in diesem letzten Sinn verstehen und dementsprechend handeln, machen sich zu Sklaven ihrer egoistischen Leidenschaften. Sie sind nicht länger Herren ihrer selbst, sondern höchst bejammernswerte Sklaven von *gahakaraka.*

Das Sehen und Erkennen von *gahakaraka* bedeutet deshalb nicht »das Sehen des letzten aller Wünsche« — noch ist es »das Erlöschen aller Wünsche«. Es bedeutet nur, daß alle Wünsche und Leidenschaften, die wir, als menschliche Wesen, besitzen, nun der Kontrolle dessen unterliegen, der *gahakaraka* in Fesseln gelegt

49

hat, von dem seine eigene begrenzte Vorstellung von Freiheit ausging. Die Erleuchtungserfahrung löscht nichts aus. Sie blickt in das *gahakaraka*-Getriebe von einem höheren Punkt des Verstehens aus — mit *prajna*, soll das heißen — und ordnet es dort ein, wohin es im Grunde gehört. Durch die Erleuchtung sieht Buddha alle Dinge in ihrer eigentlichen Bestimmung, so wie sie sein sollten — und das heißt: seine Einsicht hat die tiefste Tiefe der Wirklichkeit erreicht.

Wie ich vorhin sagte, spielt das »Sehen« die wichtigste Rolle in der buddhistischen Lehre vom Wissen, denn Sehen bildet die Grundlage des Wissens. Wissen ist ohne Sehen unmöglich. Alles Wissen hat im Sehen seinen Ursprung. Wissen und Sehen sind in Buddhas Lehre daher im allgemeinen eins. Buddhistische Philosophie zielt letzten Endes darauf, die Wirklichkeit zu *sehen*, wie sie *ist*. Sehen ist gleichbedeutend mit: die Erleuchtung erfahren. *Dharma* (hier im Sinne von Wahrheit, Wirklichkeit, Grundstruktur) wird definiert als *ehipassika. Dharma* ist etwas, »zu dem man kommen muß, um es zu sehen«. Aus diesem Grunde steht *sammadassana (sammaditthi* in Sanskrit) am Beginn des »Edlen Achtfachen Pfades«.

Was ist nun *gahakaraka?*

Dieses entlarvte *gahakaraka* ist unser relatives, empirisches Ich, und der von seinen einschränkenden Bedingungen *(sankhara)* befreite Geist ist das absolute Ich, *Atman,* wie ihn das *Nirvana-Sutra* beschreibt. Das Leugnen eines *Atman,* auf das wir bei früheren Buddhisten treffen, bezieht sich auf den *Atman* als relatives Ich und nicht auf das absolute Ich, das Ich nach der Erleuchtungserfahrung.

Erleuchtung besteht darin, Einblick zu nehmen in den Sinn des Lebens als relatives Ich — nicht als absolutes Ich, das Ich nach der Erleuchtungserfahrung.

Erleuchtung besteht darin, Einblick zu nehmen in den Sinn des Lebens als Widerspiel von relativem Ich und absolutem Ich. Mit anderen Worten: Erleuchtung ist, das absolute Ich im relativen Ich gespiegelt und es durch jenes hindurchwirken zu sehen. Oder wir können das Ganze auch so ausdrücken: Das absolute Ich bringt das relative Ich hervor, um sich in ihm, dem relativen Ich, gespiegelt zu sehen. Das absolute Ich, solange es absolut bleibt, verfügt über keine Mittel, sich zur Geltung zu bringen, sich zu manifestieren, all seine Möglichkeiten auszuspielen. Es braucht ein *gahakaraka* zur Ausführung seiner Befehle. Dieses *gahakaraka* kann sein »Haus«, sein »Zelt«, sein »Gehäuse« nicht gemäß seinen eigenen Wünschen bauen, doch ist es ein wirksames Medium, zu verwirklichen, was als ungeborene Möglichkeit still im *Atman* im Sinn des *Nirvana-Sutra* ruht.

4

Die Frage ist nun: Warum wünscht der absolute *Atman* sich im empirischen *Atman* gespiegelt zu sehen? Warum möchte er seine unendlichen Möglichkeiten durch den empirischen *Atman* verwirklichen? Weshalb bleibt er nicht zufrieden in sich, statt hinauszutreten in eine Welt der Vielfalt, wobei er Gefahr läuft, selbst unter die Herrschaft von *sankhara* zu kommen, sich zu einem willigen Sklaven von *gahakaraka* zu machen?

Das ist ein großes Geheimnis, das nicht intellektuell gelöst werden kann. Der Intellekt erhebt zwar die Frage, vermag aber keine zufriedenstellende Antwort zu geben. Das liegt in der Natur des Intellekts. Seine Funktion besteht darin, den Geist auf eine höhere Bewußtseinsebene zu führen, indem er ihm all jene Fragen stellt, die über ihn selbst hinausführen. Das Geheimnis wird gelöst, indem man es lebt, indem man seine Wirkungsweise ein-sieht, indem man den Sinn des Lebens leibhaftig erfährt oder den Wert des Daseins »schmeckt«.[1] Schmecken, sehen, erfahren, leben — alles das weist darauf hin, daß es etwas Gemeinsames gibt zwischen der Erleuchtungserfahrung und unserer Sinneserfahrung. Die eine findet statt in unserem innersten Wesen, die andere an der Peripherie unseres Bewußtseins. So gesehen, ist die persönliche Erfahrung die Grundlage buddhistischer Philosophie. Buddhismus ist in diesem Sinn radikaler Empirismus, radikale Erfahrungswissenschaft — was alle spätere Dialektik auch immer an Gedanken über den Sinn der Erleuchtungserfahrung entwickelt haben mag.

Lange wurde die buddhistische Philosophie fälschlicherweise als nihilistisch angesehen, ohne jeden konstruktiven Inhalt. Jene

[1] »Schmecket und sehet, wie freundlich der Herr ist. Wohl dem, der auf ihn traut!« Psalm 34/9.

aber, die sie wirklich zu begreifen versuchen und sich nicht oberflächlich verleiten lassen, Worte wie »Zerstörung, Vernichtung, Erlöschen, Verfall, Auflösung« oder »Ruhe« oder »begierdelos« usw. zu mißdeuten, werden leicht einsehen, daß Buddha niemals eine Religion »ewigen Todes« gelehrt hat. »Ewiger Tod«, das ist — wenn es auch manchmal als Konsequenz des buddhistischen Gedankens der Ichlosigkeit angesehen wird — eine wunderliche und ganz und gar sinnlose Vorstellung. »Tod« — dieses Wort kann nur etwas bedeuten, wenn es im Gegensatz steht zu »Geburt«, denn es ist ein relativer Begriff. »Ewiger Tod« hieße, einen Kreis viereckig machen. Es gibt keinen Tod, wo keine Geburt vorausging. Wo Geburt ist, da ist auch Tod, wo Tod — da Geburt. Geburt und Tod gehören zusammen. Ohne das eine existiert das andere nicht. Wo ewiger Tod herrschte, dort müßte auch fortgesetzte Geburt sein. Diejenigen, die über totale Vernichtung reden oder über völliges Erlöschen, als wären solche Dinge wirklich möglich, haben niemals den Fakten echter Erfahrung gegenübergestanden.

Leben ist die niemals endende Verkettung von Geburt und Tod. Die buddhistische Philosophie lehrt nichts anderes als Einblick zu nehmen in den Sinn des Lebens, wie es dahinfließt. Wenn die Buddhisten erklären, daß alle Dinge unbeständig sind, Bedingungen unterworfen und daß es in dieser Welt des *samsara* (Geburt-und-Tod) nichts gibt, das uns absolute Sicherheit erhoffen lassen könnte, dann meinen sie damit, daß, solange wir diese Welt der Vergänglichkeit für wert halten, uns an sie zu klammern, wir mit Sicherheit ein Leben der Täuschung und Enttäuschung führen. Wenn wir aber über diese negativistische Haltung dem Leben gegenüber hinauskommen wollen, müssen wir von *prajna* Gebrauch machen, dem Weg der Reinheit. Wir müssen die Dinge mit dem *prajna*-Auge sehen, nicht um sie als sinnlos zu verneinen — sondern um sie aus einer Sicht zu begreifen, die gewöhnlichen Beobachtern versagt ist. Diese sehen nichts als die Unbeständigkeit oder Vergänglichkeit oder Wechselhaftigkeit der Dinge und sind unfähig, im Ablauf der Zeit die unzerstörbare Ewigkeit selbst zu erkennen. Die Zerstörung liegt bei uns — nicht in der Zeit. Buddhas Erleuchtungserfahrung weist deutlich darauf hin. Der zerschmetterte First und die eingerissenen Sparren (des »Hauses« oder »Zelts« oder »Gehäuses«) gehören dem »Seriellen« der Zeit an, nicht der Ewigkeit, die keinerlei Zerstörung erleidet. Sich vorzustellen, daß, wenn der zeitliche Ablauf durchbrochen wird, die Ewigkeit sich dem Blick entzöge, als wäre sie etwas von der Zeit Abhängiges — diese Vorstellung ist ein Irrweg, wenn man das Wort Buddhas interpretieren will. Es bedarf schon des *prajna*-Auges, um Einblick zu haben in den vom *sankhara* befreiten Geist. Und dieses *prajna*-Auge ist in Wahrheit nichts anderes als Eckharts Auge: »Das Auge, in dem ich Gott sehe, das ist dasselbe Auge, darin mich Gott sieht. Mein Auge und Gottes Auge, das ist *ein* Auge und *ein* Sehen und *ein* Erkennen und *ein* Lieben.«[1] Zeit ist Ewigkeit, und Ewigkeit ist Zeit. In anderen Worten: Null ist gleich unendlich, und unendlich ist gleich Null. Der Weg der Reinheit öffnet sich, wenn das Auge ebensogut nach innen sieht wie nach außen — und zwar beides gleichzeitig. *Prajna*-Sehen ist *eine* Handlung, *ein* Akt, *ein* Blick. Nur wenn diese Wahrheit durch *prajna*-Intuition wahrgenommen wird, wird die »Siegeshymne« ihren ganzen Sinn preisgeben. Diejenigen, die sie anders lesen, werden über Negativismus und Nihilismus nicht hinauskommen.

Folgendes von Eckhart wird Licht auf das Ganze werfen:

Erneuerung befällt alle Geschöpfe unter Gott. Gott aber befällt keine Erneuerung, sondern nur Ewigkeit. Was ist Ewigkeit? Der Ewigkeit Eigenheit ist, daß Sein und Jungsein in ihr eins sind, denn Ewigkeit wäre nicht ewig, wenn sie neu *werden* könnte und es nicht beständig *wäre*.[2]

»Erneuerung« bedeutet »Werden« — und das ist »Vergänglichkeit.« Was ewig ist, kennt keine »Erneuerung«, wird niemals alt, bleibt immer »jung« und ist jenseits jeder Art von »Zerstörung« oder »Vernichtung«. Erleuchtung ist: zu wissen, was diese »Ewigkeit« ist, und dieses Wissen besteht darin, Gottes Ist-(oder Wesen-)heit ewig frei von Werden (»ungeworden«) zu wissen, seine namenlose »Nichtheit« zu kennnen. Eckhart gibt ganz genau an, was er unter Gott versteht in diesem Sinne des »Wissens« und »Nichtwissens«:

Erkennst du nun aber etwas von ihm: er ist nichts davon, und damit, daß du etwas von ihm erkennst, gerätst du in Erkenntnislosigkeit und durch solche Erkenntnislosigkeit in Tierischkeit.

[1] Quint, S. 216. [2] Quint, S. 352.

Denn was an den Geschöpfen nichterkennend ist, das ist tierisch.
Willst du nun nicht tierisch werden, so erkenne nichts von dem
im Wort unaussprechbaren Gott! — »Ach, wie soll ich denn tun?« —
Du sollst ganz deinem Deinsein entsinken und in sein Seinsein
zerfließen, und es soll dein »Dein« in seinem »Sein« ein »Mein«
werden so gänzlich, daß du mit ihm ewig erkennest seine ungewor-
dene Seinsheit und seine unnennbare Nichtheit.[1]

Eckharts Gott der namenlosen oder unnennbaren »Nichtheit«
ist in der buddhistischen Terminologie nichts anderes als die Ichlosigkeit aller Dinge, der *sankhara*-freie Geist, das Erloschensein
aller Begierden.

5

In diesem Zusammenhang ist es, glaube ich, angebracht, ein
paar Worte über die negativen Aussagen zu machen, die in buddhistischen und anderen mit Problemen der höchsten Wirklichkeit
beschäftigten Texten so freizügig gebraucht werden. Außerdem
könnte ich ein wenig auf die Häufigkeit paradoxer Formulierun-
gen eingehen, derer man sich bedient, um eine bestimmte Erfahrung auszudrücken, die gemeinhin als »Mystik« bekannt ist.

Alles in allem gesehen, gibt es zwei Quellen des Wissens oder
zwei Arten der Erfahrung oder zwei »Menschgeburten«, wie
Eckhart es nennt, oder zwei Formen der Wahrheit *(satya)* nach
den Anhängern der Doktrin von der »Leerheit« *(sunyavada)*.

Solange dies nicht beachtet wird, können wir das Problem des
logischen Widerspruchs niemals lösen, der alle religiösen Erfahrungen kennzeichnet, wenn sie in Worten ausgedrückt werden.
Dieser für die herkömmliche Art des Denkens so verwirrende
Widerspruch kommt daher, daß wir uns der Sprache bedienen
müssen, um eine innere Erfahrung mitzuteilen, die alles sprachliche Ausdrucksvermögen übersteigt. Da wir dafür bis jetzt jedoch
keine Mittel der Mitteilung besitzen außer dem einen, zu dem die
Anhänger des Zen-Buddhismus ihre Zuflucht genommen haben,
geht der Streit zwischen Rationalisten und sogenannten My-
stikern weiter. Die Sprache wurde zuerst entdeckt und entwickelt

[1] Quint, S. 353.

für den Gebrauch jener ersten Art Wissen, die höchst zweckgebunden, nützlichkeitsgerichtet, utilitaristisch war, und aus diesem Grunde kam es dazu, daß die Sprache als Ausdruck dieses Wissens für alle menschlichen Belange und Erfahrungen Geltung erlangte. Ihr überwältigender Einfluß ist derart, daß wir fast so weit sind, uns allem zu unterwerfen, was die Sprache befiehlt. Unsere Gedanken müssen nach ihrem Diktat gemodelt werden, unsere Handlungen haben sich nach den Regeln zu richten, die sie für ihr eigenes effektvolles Wirken erfand. Aber das ist noch nicht alles. Schlimmer ist, daß die Sprache inzwischen soweit ist, selbst die Wahrheit neuer Erfahrungen zu unterdrücken, daß sie diese — wenn sie sich unabweisbar zu Wort melden — als »unlogisch« oder »undenkbar« und daher als falsch zu verwerfen sich anmaßt, ja daß sie schließlich auf solche Weise versuchen wird, alles Neue als von keinem menschlichen Wert beiseite zu schieben.

Die *sunyata*-Schule unterscheidet zwei Arten von Wahrheit *(satya)*: 1. *samvritti*, die Wahrheit der relativen Welt und 2. *paramartha*, die Wahrheit des transzendenten Bereiches der *prajna*-Intuition. Wenn Buddha im *Saddharmapundarika-Sutra* von seiner Erleuchtung spricht, dann beschreibt er seine Erfahrung als etwas, das von keinem seiner Jünger begriffen werden kann, weil deren Begriffsvermögen das seine nicht erreicht. Nur ein anderer Buddha kann Buddha verstehen, Buddhas haben ihre eigene Welt, in die Wesen von gewöhnlicher Geisteskraft keinen Einblick haben. Zu dieser Welt des Relativen gehört die Sprache, und wenn Buddha versucht, sich durch das Mittel der Sprache mitzuteilen, ist das eher ein Hindernis für seine Hörer, in sein inneres Leben einzudringen. Im *Lankavatara-Sutra* dagegen wird uns von vielen anderen Buddha-Ländern berichtet, wo Buddha-Gedanken auf andere als nur sprachliche Weise weitergegeben werden, durch Bewegen der Hände oder der Beine z. B., durch Lächeln, Husten oder Niesen usw. Offenbar können Buddhas einander verstehen, gleich welche Mittel sie anwenden, um das auszudrücken, was in ihnen vorgeht, weil sie alle durch die gleiche Erfahrung geworden sind, was sie sind. Wo es aber solche einander entsprechenden Erfahrungen nicht gibt, ist es gleich, zu welcher Technik man sich flüchtet: Man wird sie unmöglich im anderen erwecken.

In Asvaghosas »Erweckung des Glaubens« wird angespielt auf zwei Aspekte von *tathata* (So-, Ist- oder Wesen-heit), worin man vollkommen jenseits von Sprechen oder Schreiben ist, weil es nicht unter die Kategorien des Mittelbaren fällt. Sprechen ist hier völlig nutzlos. Doch Asvaghosa fährt fort: Bedienten wir uns nicht trotzdem der Sprache, gäbe es keinen Weg, andere mit dem Absoluten bekannt zu machen. Daher müssen wir unsere Zuflucht zur Sprache nehmen, wir müssen sie als Keil gegen die gebräuchliche Sprache verwenden, als Gegengift, das jener entgegenwirkt. Das ist freilich eine höchst gefährliche Waffe, und der sie benutzt muß jede Vorsicht walten lassen, damit er nicht sich selbst verletzt. Das *Lankavatara-Sutra* drückt sich sehr entschieden aus in dieser Hinsicht:

... mit Wort-Charakteristik kannst du die höchste Wirklichkeit nicht erfassen, denn alle äußeren Objekte mit ihren zahllosen individuellen Merkmalen sind nicht-existent und treten nur vor uns in Erscheinung als etwas vom Geist selbst Offenbartes. Daher, Mahamati, mußt du versuchen, dich der verschiedenen Formen von Wort-Charakteristik zu enthalten.[1]

»Wort-Charakteristik« gehört zu *samvritti,* zu den Dingen der relativen Welt, und ist nicht bestimmt, irgend etwas mitzuteilen, das über diese Welt der Vielfalt und des Zählbaren hinausgeht. Denn hier endet die Herrschaft der Sprache, hier muß sie einsehen, daß sie ihre Grenzen hat. Zwei der drei von Eckhart unterschiedenen Arten des Wissens gehören zu *samvritti,* wohingegen die dritte *paramartha* entspricht.

Um Eckhart zu zitieren:

Diese drei Stücke bedeuten dreierlei Erkenntnis. Die eine ist sinnlich: Das Auge sieht gar weithin die Dinge, die außerhalb seiner sind. Die zweite ist vernünftig und ist viel höher. Mit der dritten ist eine edle Kraft der Seele gemeint, die so hoch und so edel ist, daß sie Gott in seinem bloßen, eigenen Sein erfaßt. Diese Kraft hat mit nichts etwas gemein, die macht aus nichts etwas und alles. Sie weiß nichts vom Gestern noch vom Vorgestern, vom Morgen noch vom Übermorgen, denn in der Ewigkeit gibt es kein Gestern noch Morgen, da gibt es nur ein gegenwärtiges Nun. Was vor tausend Jahren war und was nach tausend

[1] Zitiert nach *Lankavatara Sutra,* übersetzt von D. T. Suzuki (London, 1932).

Jahren kommen wird, das ist da gegenwärtig wie das, was von jenseits des Meeres ist.[1]

Die ersten beiden Arten wenden sich an die Welt der Sinne und des Intellekts, worin die Sprache ihre größte Nützlichkeit hat. Versuchen wir aber, sie in jenem Bereich zu gebrauchen, wo »die edle Kraft der Seele« herrscht, dann versagt sie kläglich. Es gelingt ihr nicht, die dort vorhandene innere Bewegung denjenigen zu übermitteln, deren »Kraft« niemals »erhöht« oder erhoben wurde auf das von Eckhart bezeichnete Niveau. Da wir, als Wesen, die gebunden sind an Sinne und Intellekt, jedoch nicht umhin können, von der Sprache Gebrauch zu machen, widersprechen wir uns selbst, wie wir aus Eckharts eben zitierten Darlegungen ersehen. Eckhart und alle anderen Denker seiner Art gehen hier weiter, indem sie die Regeln der Logik und Linguistik mißachten. Die Sache ist die, daß Linguistiker und Logiker ihre begrenzte Art und Weise, Erfahrungstatsachen zu studieren, aufgeben müssen, damit sie die Tatsachen selbst analysieren können und die Sprache dem unterwerfen, was sie dabei entdecken. Solange sie die Sprache zuerst rangieren lassen und versuchen, alle menschlichen Erfahrungen den Erfordernissen der Sprache anzupassen, statt daß sie umgekehrt verfahren, solange werden ihre Probleme ungelöst bleiben.

Eckhart schreibt weiter:

Der gerechte Mensch dient weder Gott noch den Geschöpfen, denn er ist frei. Und je näher er der Gerechtigkeit ist, um so näher ist er der Freiheit und um so mehr ist er die Freiheit selbst. Alles, was geschaffen ist, das ist nicht frei. Solange noch irgend etwas über mir ist, das nicht Gott selbst ist, das drückt mich, so klein es auch oder wie immer es geartet sei. Und wäre es selbst Vernunft und Liebe: sofern es geschaffen und nicht Gott selbst ist, bedrückt es mich, denn es ist unfrei.[2]

Sehen wir erst zu, was Linguistiker über diese Feststellung sagen würden. Sie würden etwa so schließen: »Wenn Eckhart sich als einen ›freien Mann‹ bezeichnet, dann ist er unwiderstehlich und wunderbar, aber er macht, wie er bekennt, noch die Aus-

[1] Quint, S. 210. [2] Quint, S. 300 f.

nahme ›Gott‹. Warum. möchten wir fragen, muß er die Ausnahme
›Gott‹ machen, statt seine absolute Freiheit von allen Dingen,
großen und kleinen, zu versichern. Wenn er auf Gott Rücksicht
nehmen muß, kann er nicht so frei sein, wie er zu sein be-
ansprucht.« Diese Einwände halten allerdings nur so lange stand,
als unsere logische Analyse nicht über die Sprache und ihre Maß-
stäbe hinausgeht. Jemand mit Eckhartscher Erfahrung jedoch
wird sehr gut verstehen, was Eckhart in Wirklichkeit meint. Und
was er meint, ist folgendes: Ein Mensch ist nur dann frei, wenn
er in Gott, mit Gott, für Gott ist. Und das ist kein Zustand der
Freiheit, denn wenn er in Gott ist, ist er die Freiheit selbst. Er ist
frei, wenn er erkennt, daß er tatsächlich er selbst ist, indem er
abstreitet, in Gott zu sein und absolut frei. Eckardt sagt:

Mir kam einmal der Gedanke — es ist noch nicht lange her —:
Daß ich ein Mensch bin, das hat auch ein anderer Mensch mit mir
gemein. Daß ich sehe und höre und esse und trinke, das tut auch
das Vieh. Aber daß ich *bin*, das gehört keinem Menschen zu als
mir allein, keinem Menschen noch Engel noch Gott, außer, soweit
ich *eins* mit ihm bin.[1]

Später, in derselben Predigt, fügt Eckart hinzu: »Ego, das
Wort ›Ich‹, ist niemandem eigen als Gott allein in seiner Ein-
heit.« Auf dieses »Ich« als auf einen »Funken«, ein »geistiges
Licht« wird in einer anderen Predigt ausdrücklich verwiesen.

Ich habe bisweilen gesagt, es sei eine Kraft im Geiste, die sei
allein frei. Bisweilen habe ich gesagt, es sei eine Hut des Geistes,
bisweilen habe ich gesagt, es sei ein Licht des Geistes, bisweilen
habe ich gesagt, es sei ein Fünklein. Nun aber sage ich: Es ist
weder dies noch das. Trotzdem ist es ein Etwas, das ist erhabener
über dies und das als der Himmel über der Erde ... Es ist von
allen Namen frei und aller Formen bloß, ganz ledig und frei, wie
Gott ledig und frei ist in sich selbst.[2]

Unsere Sprache ist das Produkt einer Welt aus Zahlen und
Einzeldingen vergangener, gegenwärtiger und künftiger Zeiten,
und sie ist für diese Welt *(loka)* höchst brauchbar. Aber unsere

[1] Quint, S. 301.   [2] Quint, S. 163.

Erfahrungen sagen uns, daß unsere Welt darüber (über *loka*) hinausgeht, daß es eine andere Welt gibt, welche die Buddhisten eine transzendente Welt« nennen *(loka-uttara)*, und daß die Sprache, wenn man sie zwingt, über Dinge dieser Welt *(lokottara)* auszusagen, entstellt wird, jede Art von Verzerrung annimmt, mit Oxymora, Paradoxien, Widersprüchen, Verbiegungen, Ungereimtheiten, Doppelsinnigkeiten und Irrationalismen aufwartet. Die Sprache selbst kann man deswegen nicht tadeln. Wir selbst sind es, die, indem wir ihre eigentliche Funktion übersehen, versuchen, sie zu etwas zu zwingen, wofür sie niemals bestimmt war. Und mehr noch, wir machen uns selbst zu Narren, indem wir die Wirklichkeit einer transzendenten Welt *(lokottara)* leugnen.

Sehen wir zu, wie unmöglich es ist, die transzendente Welt oder die »innere Kraft« auf das Niveau sprachlicher Ausdrucksfähigkeit zu bringen.

Es gibt etwas, das *über* dem geschaffenen Sein der Seele ist und an das kein Geschaffensein rührt, das ja *nichts* ist. Selbst der Engel hat es nicht, der doch ein reines Sein hat, das lauter und weit ist, selbst *das* rührt nicht daran. Es ist göttlicher Art verwandt, es ist sich selbst eins, es hat mit nichts etwas gemein. Hierüber kommen manche Pfaffen zum Hinken. Es ist eine Fremde und eine Wüste und ist mehr namenlos, als daß es einen Namen habe, und ist mehr unerkannt, als daß es erkannt wäre. Könntest du dich selbst vernichten nur für einen Augenblick, ja, ich sage, selbst für kürzer als einen Augenblick, so wäre dir alles das eigen, was es in sich selbst ist. Solange du auf dich selber noch irgendwie achtest oder auf irgendein Ding, so weißt du so wenig, was Gott ist, wie mein Mund weiß, was Farbe ist, und wie mein Auge weiß, was Geschmack ist: so wenig weißt du und ist dir bekannt, was Gott ist.[1]

Was für ein seltsames Ding ist dieses »Etwas«! Aber zweifellos ist es ein Licht, und wem es gelingt, es auch nur flüchtig zu sehen, »weniger als einen Augenblick« nur, der ist Herr seiner selbst. Platon beschreibt das Licht mit folgenden Worten: Es ist ein Licht, von einer »Lauterkeit, die nicht in der Welt ist. Sie ist weder *in*

[1] Quint. S. 302.

der Welt noch *außer* der Welt, ist etwas, das weder in der Zeit noch in der Ewigkeit ist, das weder Äußeres noch Inneres hat.«[1] Sprachlogisch betrachtet: Wie kann man von etwas sagen, daß es »weder *in* der Welt noch *außer* der Welt« sei? Nichts könnte absurder sein als das. Indessen, wie Eckhart sagt, wenn wir Zeit *(zit)*, Leib *(liplicheit)* und Vielfalt *(manicvaltikeit)* hinter uns lassen, erreichen wir Gott, und diese drei Dinge (Zeit, Leib und Vielfalt) sind die eigentlichen Pfeiler der Sprachwelt. Kein Wunder also, daß die Sprache, wenn Dinge der transzendenten Welt, *lokottara*, in ihr Ausdruck zu finden suchen, alle Merkmale ihrer Unzulänglichkeit zeigt. Dies ist der Grund, weshalb der Zen-Buddhismus den Gebrauch der Sprache nach Möglichkeit meidet und immer wieder auf unsere Begrenztheit in dieser Hinsicht verweist. Zen hat nichts gegen die Sprache bloß um des Widerspruchs willen, es macht sich nur bewußt, daß es einen Bezirk gibt, über dessen Ereignisse unsere Worte nichts mitteilen können. Eine der Maximen, die Zen stets zu äußern bereit ist, lautet: »Verlaß dich nicht auf Worte.« Yengo, Kommentator von *Hekigan-shu* (Sammlung »Blauer Felsen«), einem Werk der Sung-Dynastie, bemerkt dazu dies:

Als Bodhidharma gewahrte, daß der chinesische Geist reif sei, die Lehren des Mahayana-Buddhismus anzunehmen, kam er auf dem südlichen Wege hierher [nach China] und schickte sich an, das Volk vorzubereiten auf »die Prägung mit dem Siegel des Geistes«. Er sagte: »Ich will kein Gedankensystem vor euch errichten, das auf Buchstaben oder Worten beruht. Ich will euch geradeswegs dem Geist selbst zuführen, damit ihr unmittelbar Einblick habt in die Buddhanatur und Buddhaschaft erlangt. Wenn Zen so verstanden wird, können wir Freiheit erlangen. Folgen wir daher nicht dem Weg der Buchstaben, suchen wir die Wirklichkeit unverhüllt zu erfassen.

Auf die Frage Wus, des Kaisers der Liang-Dynastie, antwortet Bodhidharma ganz schlicht: »Ich weiß es nicht, Majestät!« Als Eka, welcher der zweite Zen-Patriarch wurde in China, bekannte, er könne den Geist nicht lokalisieren, rief Bodhidharma aus: »Da, nun habe ich deinem Geist Frieden gegeben!«

All diesen Situationen, in die Bodhidharma geriet, zeigte er sich

[1] Zitiert nach Eckhart; Quint. S. 302.

ohne Zögern gewachsen, ohne vorbereitete, zuvor ausgeklügelte Antwort, er hatte nichts vor-überlegt oder mit einem von Begriffen gespickten Geiste geplant. Mit einem einzigen Schwung eines Schwertes zerschnitt er jedes Hindernis auf unserem Weg und erlöste uns so von den Fesseln sprachlicher Logik. Recht und Unrecht, Gewinn und Verlust können uns nun nicht mehr beunruhigen.[1]

Das folgende *mondo* (wörtlich: »Frage und Antwort«) mag zeigen, wie frei Zen zum Beispiel in der Behandlung der letzten Probleme des Seins ist:

Ein Mönch fragte Daizui Hoshin aus der Tang-Dynastie: »Ich habe gehört, daß am Ende das Weltall ergriffen werde von einem großen Feuer, das alles zerstört. Darf ich dich fragen, ob ›dies‹ teilhat an diesem Schicksal?«

Daizui erwiderte: »Ja, das hat es.«

Der Mönch fuhr fort: »Wenn das der Fall ist, dann muß man also sagen, ›dies‹ folgt allem anderen in die Vernichtung.«

Daizui: »Ja, das tut es.«

Dieselbe Frage wurde später einem anderen Meister namens Shu gestellt. Shu antwortete: »Nein, das tut es nicht.«

Und als er gefragt wurde: »Wieso nicht?«, erwiderte er: »Weil es identisch ist mit allen Welten.«

Vom Gesichtspunkt sprachlicher Logik aus widersprechen die beiden Zen-Meister einander, und es gibt keinen Weg zur Versöhnung ihrer Standpunkte. Der eine sagt »ja«, während der andere »nein« sagt. Solange das »Nein« unbeschränkte Verneinung und das »Ja« unbeschränkte Bejahung bedeuten, gibt es keine Brücke vom einen zum anderen. Und wenn das so ist, wie es scheint, wie kann Zen diesen Widerspruch zulassen und trotzdem beanspruchen, eine folgerichtige Lehre zu sein, mag man fragen. Aber Zen würde heiter gelassen seinen Weg weiterverfolgen, ohne einen solchen Einwand überhaupt zu beachten. Weil das Schwergewicht des Zen vor allem auf Erfahrung beruht und nicht auf der Art und Weise, sich auszudrücken! Ausdrücken kann

[1] Auch dies eine mehr oder weniger modernisierte Fassung nach Yengos bündigem und leicht geknüpftem Chinesisch.

man sich so und so im Zen, einschließlich Paradoxen, Widersprüchen und Doppelsinnigkeiten. Im Sinne des Zen wird die Frage der »Ist-heit« oder »So-heit« *(isticheit* bei Eckhart) nur durch innere Erfahrung entschieden und nicht, indem man darüber argumentiert oder sich auf sprachlich-dialektische Spitzfindigkeiten beruft. Wem selbst eine echte Zen-Erfahrung zuteil wird, der wird trotz scheinbarer Widersprüche (die nur an der Oberfläche Widersprüche sind) unvermittelt erkennen, was wahr und was falsch ist.

6

Ehe ich zu einer weiteren Äußerung komme, die man Buddha für die Zeit seiner Erleuchtungserfahrung zuschreibt, kann ich nicht umhin, das Problem der Zeit zu betrachten. Auch das ist eng mit dem Sprachproblem und Eckharts Behandlung des Schöpfungsmythos verbunden. Wie Augustin bekennt, können wir geradezu sagen, daß Gott sich »lustig macht über den Menschen«, wenn sich uns das Problem der Zeit stellt. Sie ist eines der Dinge, die wir »ungezwungen und verständnisvoll« abhandeln müssen. »Und wir verstehen, wenn wir davon sprechen, und verstehen auch, wenn ein anderer davon spricht.«

Was ist denn nun Zeit? Wenn niemand mich fragt, weiß ich es. Wenn ich es einem anderen, der mich fragt, erklären möchte, weiß ich es nicht. Dennoch sage ich dreist: Wenn nichts dahinginge, gäbe es keine vergangene Zeit, und wenn nichts käme, gäbe es keine künftige Zeit. Jene beiden Zeiten also, die vergangene und die künftige, wie sind sie, da wir doch sehen, daß die vergangene nicht mehr ist und die künftige noch nicht? Aber die Gegenwart, wäre sie immerzu gegenwärtig und ginge nicht in Vergangenheit über, wahrlich, dann wäre sie nicht Zeit, sondern Ewigkeit. Wenn die gegenwärtige Zeit (so sie nicht Zeit ist) nur dadurch ins Dasein tritt, daß sie zu Vergangenheit wird, wie können wir dann sagen, daß das, dessen Daseinsbestimmung es ist, *nicht* zu sein, dennoch *sei?* So daß wir also nicht wirklich sagen können, Zeit *sei,* allein weil sie die Neigung hat, *nicht* zu sein.[1]

[1] Augustinus, *Bekenntnisse,* Buch XI/14.

Zeit ist wahrhaftig ein ewig verwirrendes Problem, besonders, wenn man es auf sprachlicher Ebene angeht. Auf dieser Ebene nähert man sich der Frage am besten nach der Weisung Eckharts, indem man menschliche Wesen als Geschöpfe »zwischen zwei Dingen« betrachtet. »Das eine ist Ewigkeit, einsam und unveränderlich. Das andere ist Zeit, wechselnd und der Vielfalt anheimgegeben.« Auf der gleichen Linie des Denkens sagt Eckhart in einer anderen Predigt über die »Armut«:

... darum bin ich Ursache meiner selbst meinem *Sein* nach, das *ewig* ist, nicht aber meinem *Werden* nach, das *zeitlich* ist. Und darum bin ich ungeboren, und nach der Weise meiner Ungeborenheit kann ich niemals sterben. Nach der Weise meiner Ungeborenheit bin ich ewig gewesen und bin jetzt und werde ich ewiglich bleiben. Was ich meiner Geborenheit nach bin, das wird sterben und zunichte werden, denn es ist sterblich. Darum muß es mit der Zeit verderben. In meiner ewigen Geburt wurden alle Dinge geboren, und ich war Ursache meiner selbst und aller Dinge. Und hätte ich gewollt, so wäre weder ich noch wären alle Dinge. Wäre aber ich nicht, so wäre auch »Gott« nicht. Daß Gott »Gott« ist, dafür bin ich die Ursache. Wäre ich nicht, so wäre Gott nicht »Gott«. Dies zu wissen ist nicht not.[1]

Was Eckhart auch immer gemeint haben mag mit der Bemerkung: »Dies zu wissen ist nicht not« — es ist unmöglich, vom rein sprachlichen Blickpunkt aus die Durchdringung oder Vermischung von Zeit und Ewigkeit, wie sie hier dargeboten wird, zu »wissen«, zu verstehen. Grundsätzlich sind die beiden Begriffe »Zeit« und »Ewigkeit« unvereinbar, und so viel dialektisches Geschick man auch immer aufwenden mag, man wird sie niemals friedlich miteinander vereinen können. Eckhart und sämtliche anderen Denker und Nicht-Denker mögen all ihre Kunst bemühen, uns von »der Wahrheit« zu überzeugen: Solange wir diesseits des Stroms sind, kann niemand von uns erwarten, daß wir sie verstehen. Vielleicht meint Eckhart dies, wenn er sagt, es tue nicht not, das Unmögliche möglich zu machen. Was erwartet er dann aber von uns? Er erwartet, daß wir uns abwenden von den Mißverständnissen der Sprache, daß wir die Fesseln von »Zeit und

[1] Quint, S. 308.

Stoff und Vielfalt« abstreifen und uns vorbehaltlos in den Abgrund des namenlosen Nichts stürzen. Denn der Augenblick des Sturzes ist es, in dem uns die Erleuchtung widerfährt und das Begreifen über uns kommt. In diesem Augenblick »bin ich, was ich war und was ich bleiben werde jetzt und immerfort. Da empfange ich einen Aufschwung, der mich bringen soll über alle Engel. In diesem Aufschwung empfange ich so großen Reichtum, daß Gott mir nicht genug sein kann mit allem dem, was er als ›Gott‹ ist, und mit allen seinen göttlichen Werken. Denn mir wird in diesem Durchbrechen zuteil, daß ich und Gott eins sind. Da bin ich, was ich war, und da nehme ich weder ab noch zu, denn ich bin da eine unbewegliche Ursache, die alle Dinge bewegt.«[1]

Wenn dies, soweit es unser Selbst betrifft, verstanden wird, sollten wir auch auf dem Wege sein zu verstehen, was Augustin über Gott sagt: »Gott tut heute all das, was in den tausend mal tausend Jahren der Zukunft getan werden wird — wenn es der Welt bestimmt ist, so lange zu dauern —, und Gott tut heute noch das, was er in all den Tausenden von Jahren der Vergangenheit tat.«[2] Nun fragen beide, Eckhart und Augustin: »Was kann ich dafür, wenn jemand dies nicht versteht«? oder: »Wenn diese Worte mißdeutet werden, was kann der dazu tun, der ihnen die richtige Form gab?« Eckhart gibt darauf die tröstliche Antwort: »Wer diese Rede nicht versteht, der bekümmere sein Herz nicht damit. Denn solange der Mensch dieser Wahrheit nicht gleicht, so lange wird er diese Rede nicht verstehen. Denn es ist eine unverhüllte Wahrheit, die da gekommen ist aus dem Herzen Gottes unmittelbar.«[3] Alles, was wir tun können ist, Eckharts Rat zu folgen und zu Gott zu beten: »Daß wir so leben mögen, daß wir es ewig erfahren, dazu helfe uns Gott. Amen.«

Die Art und Weise, wie Zen das Problem der Zeit angeht, wird — partiell wenigstens — von der folgenden Erzählung beleuchtet, die in deutlichem Gegensatz steht zu allen sprachlogischen Analysen:

Tokusan (790—865) empfand auf seinem Weg zu Taisan Hunger und Müdigkeit, hielt bei einem Teehaus am Wege an und bat um eine Erfrischung. Die alte Frau, die das Haus versah, erkannte Tokusan als großen Gelehrten und Kenner des *Diamant-Sutra* und

---

[1] Evans, S. 221.   [2] Blakney, S. 72.   [3] Quint, S. 309.

sagte: »Ich habe eine Frage an dich zu richten. Wenn du sie mir beantworten kannst, will ich dir umsonst Erfrischungen reichen, kannst du aber nicht, dann sieh zu, wo du sonst bedient wirst.« Als Tokusan zustimmte, brachte sie Folgendes vor: »Im *Diamant-Sutra* lesen wir: ›Der vergangene Geist ist unfaßbar, der gegenwärtige Geist ist unfaßbar, der zukünftige Geist ist unfaßbar.‹ Daher frage ich dich, welchen Geist willst zu stärken?« (Erfrischungen heißen im Chinesischen *tien-shin* und im Japanischen *ten-jin*, was soviel wie »Geistesstärkung« bedeutet, daher die Frage.) Tokusan war über alle Maßen verblüfft und wußte nicht, was er antworten sollte. So mußte er gehen, ohne etwas zu sich zu nehmen.[1]

Erfrischungen, Nahrung zu sich nehmen: das findet statt in der Zeit. Außerhalb der Zeit gibt es kein Geben und Nehmen. Die alte Teehausverwalterin fragt nun den wandernden Mönch, welcher Zeit er sich denn bedienen möchte, um sich von seinen Strapazen zu erholen, wenn, dem *Sutra* gemäß, keine Zeit, ob vergangene, gegenwärtige oder zukünftige, zu fassen ist. Wenn es keine Zeit gibt, wie kann man da irgend etwas ergänzen oder auffrischen? Ginge es dem Denken nach (d. h. insofern dieses der Sprache unterliegt), so wäre keinerlei Bewegung in diesem Leben möglich, dennoch besteht höchst seltsamerweise die Tatsache, daß wir fort und fort leben, im vollen Sinne des Wortes. Die alte Dame ist keine Metaphysikerin, noch ist sie überhaupt an Metaphysik interessiert. Doch als sie sah, wie unentrinnbar der junge Mann in die Wortwelt und die ihr innewohnenden Schwierigkeiten verstrickt war, wollte sie ihn daraus befreien, deshalb die Frage. Zweifellos rechnete er gar nicht mit dieser Möglichkeit. Inmitten seiner Widersprüche wußte er nicht, wie er sich dem Netz entwinden könnte, das er selbst geknüpft hatte. Also mußte er gehen, ohne sich ausgeruht, ohne etwas zu sich genommen zu haben.

Es kommt Zen sehr auf das Problem des absoluten Jetzt, der reinen Gegenwart an, aber sein Interesse liegt dabei mehr auf der praktischen Seite, nicht auf der dialektischen. Deshalb fordern uns die Zen-Meister auf, wie in Ummons »Predigt« zum »fünfzehnten Tage des Monats«, wir sollen irgend etwas »von uns geben« (*ikku* oder *i-chü* im Chinesischen). Mit diesem Sichäußern ist nicht unbedingt die Äußerung eines Lautes gemeint — sondern

[1] Siehe *Studies in Zen*, S. 126.

irgendeine Art Handlung. In Eckharts Terminologie ist das der Kunstgriff, »der Seele Tag« in »Gottes Tag« einzufügen.[1] Gottes Tag ist dadurch gekennzeichnet, daß er alle Zeit »in einem gegenwärtigen Nun«, einem allgegenwärtigen Augenblick enthalte. Für Gott ist ein Tag, der »da war vor sechstausend Jahren, dem heutigen Tage so nahe wie der Tag, der gestern war«. Wir, denen der Tag ein anderer Tag ist, die Zeit eine andere Zeit, in der gestern gestern ist und tausend Jahre tausendmal mehr sind als ein Jahr, ob in Vergangenheit oder Zukunft — wir können in unserem Alltag nicht mit Gottes Tag operieren. Doch wenn es uns nicht gelingt, »war« oder »wird sein« in »ist« zu verwandeln, werden wir den Frieden des Geistes nicht haben, werden wir der Angst nicht entrinnen, die als Thema allen existentiell denkenden modernen Menschen geläufig ist. Irgendwie muß ihnen »Erfrischung« gereicht werden. Zu haben und doch nicht zu haben — das muß der wirkliche Grund sein für die würgende Angst.

Ich will eine Zen-Predigt zitieren, um zu zeigen, wie sie sich von den Predigten Eckharts unterscheidet, obwohl sie das gleiche Thema von Zeit und Ewigkeit behandelt. Es wird sich dabei erweisen, daß die Grundgedanken nicht so weit auseinanderliegen, wie es vielleicht oberflächlich erscheinen mag. Die Zen-Predigt stammt von Daito, einem »Lehrer des Volkes« aus dem 14. Jahrhundert (1282—1337), welcher der erste Abt des Daitoku-Klosters in Kyoto war. Eine Zen-Predigt beginnt gewöhnlich mit einem *mondo* zwischen dem Meister und einem der Schüler, während die eigentliche Predigt nur sehr kurz ist und aus ungefähr einem Dutzend Zeilen in lehrhafter Rede besteht. Anlaß der Predigt war ein Silvesterabend. Als Daito, der Meister, in der Dharma-Halle erschien, trat ein Schüler vor und stellte ihm folgende Frage: »Das Neue weiß nicht, daß das Alte schon gegangen ist, während das Alte nicht weiß, daß das Neue schon da ist. Das Neue und das Alte haben einander nicht kennengelernt. Daher stehen sie in der ganzen Welt in Widerspruch zueinander. Ist dies der Stand der Dinge, wie wir ihm überall begegnen?«

Der Meister sagte: »Im ganzen Universum.«

Der Mönch fuhr fort: »Wenn die Welt noch nicht zum Dasein gelangt ist [wörtlich: ›Wenn das Feuerwerk noch nicht entzündet ist‹], wie finden wir dann Zugang zu ihr?«

[1] Quint, S. 204.

Der Meister: »Wir falten die Hände vor dem Klostertor.«

Der Mönch: »Und was noch?«

Der Meister: »Wir brennen Weihrauch in der Buddha-Halle.«

Der Mönch: »Ich begreife, daß Hokuzen einst den großen weißen Ochsen briet [Der weiße Ochse ist das Sinnbild für die höchste Wirklichkeit!], der auf dem Klosterhof herumzustreifen pflegte, und daß er seinen Mönchen ein Fest gab, um dieses denkwürdige Ereignis zu feiern. Ich frage mich, was für ein Fest wir an diesem Silvesterabend begehen werden?«

Der Meister: »Wenn du es fein kaust, schmeckt es süßer als Honig.«

Der Mönch: »In diesem Falle werden wir von der Bruderschaft deine Großmut zu schätzen wissen.«

Als der Mönch, sich verneigend, zurückzugehen begann, sagte der Meister: »Welch schöner goldhaariger Löwe!« (Das war eine mehr oder weniger ironische Bemerkung des Meisters.)

Und nun hält der Meister seine eigentliche Predigt: »Das alte Jahr geht heute abend dahin. Lassen wir gehen, was zu gehen und alt zu werden bestimmt ist. Das neue Jahr kündigt sich in dieser Dämmerung an. Lassen wir kommen, was zu kommen und erneuert zu werden bestimmt ist. Das Neue und das Alte mischen sich auf jede mögliche Weise, und jeder von uns erfreue sich dessen, wie es ihm beliebt. Ursachen und Wirkungen folgen einander, und Geschehnisse jeder Art manifestieren sich überall frei und autonom. So sehen wir den Gipfel des Ryuho-Berges sich prächtig in den Himmel erheben, während sich das Klostertor weit auf ein unbegrenztes Land öffnet. Dies ist nicht nur das Zeichen der friedlichen Zeit, welcher wir uns jetzt unter einer weisen Regierung erfreuen. Es gehört zur Ordnung der Dinge, daß der Geist allumfassenden Wohlwollens alles um uns durchdringt. Welche Verse soll ich in diesem Augenblick zu eurer Erbauung zitieren?«

Der Meister schlug mit seinem *hossu* auf den Stuhl und sagte:

»Der Dezemberschnee erfüllt alles mit seinem Weiß bis zum Horizont, indes die Frühlingswinde, die gegen die Türen blasen, noch immer sehr rauh sind.«

Nach dem Mondkalender ist der dreißigste Tag des zwölften Monats (Dezember) das Ende des Winters, und mit dem Schlag der Zwölf-Uhr-Glocke kündigt der Frühling sich an. Daher Daitos Anspielung auf Dezemberschnee und Frühlingswinde. Beides ist da: Der Winterschnee schmilzt nicht gleich mit dem Frühlings-beginn. Der Frühlingswind weht über den gleichen alten Winter-schnee. Altes und Neues mischen sich. Vergangenes und Gegen-wärtiges sind ineinander verschmolzen. Die Reihenfolge der Jahreszeiten existiert nur in der menschlichen Vorstellung und Sprache. Wir unterscheiden Jahreszeiten aus praktischen Gründen. Und wenn man einmal damit angefangen hat, muß eben eine Jah-reszeit zu ihrem ganz bestimmten Zeitpunkt im Jahre beginnen. Während noch weiß der Schnee liegt, hat er keine Eile, den Früh-ling zu begrüßen, und der Wind wartet nicht auf den jahreszeit-lichen Winteranfang, um diesem den Weg zu bereiten. Das Alte geht in das Neue über, und das Neue ist bereit, sich mit dem Alten zu verbinden. Die absolute Gegenwart des Zen ist vermut-lich nicht so unzugänglich wie die Eckharts.

7

Es wird — nach diesen weitläufigen Abschweifungen — nun Zeit, zurückzukommen auf das ursprüngliche Thema und noch einmal zu versuchen, ob uns nicht der subjektive Zugang zu Buddhas Erleuchtungserfahrung gelingt. Diese Erfahrung kann nicht als bloßes Gefühl bezeichnet und abgetan werden. Darin er-schöpft sich der ganze Inhalt der Erleuchtung nicht. Nach mei-nem Dafürhalten kann man nämlich nicht sagen, die Erleuchtung sei aller noetischen Elemente bar, die bis zu einem gewissen Grade eine sprachliche und intellektuelle Ausbeutung gestatten. Das Gefühl der Erleuchtung hat etwas durchaus Fundamentales und gibt einem die Empfindung absoluter Gewißheit und Endgültig-keit, was den herkömmlichen Arten des Fühlens allgemein fehlt. Gelegentlich mag ein Gefühl die Empfindung von Verzücktheit und Zuversicht geben, doch wird das nach einer Weile vorüber-gehen und keine bleibende Wirkung in dem hinterlassen, der die Erfahrung gemacht hat. Das Gefühl der Erleuchtung dagegen durchdringt die ganze Persönlichkeit, beeinflußt ihr Verhalten gegenüber dem Leben und der Welt nicht nur moralisch und gei-stig — sondern führt zur metaphysischen Durchleuchtung des Da-seins als Ganzem. Die Erfahrung Buddhas war nicht einfach eine Angelegenheit des Gefühls, die sich am Rande seines Bewußtseins abspielte, sondern etwas, das in der verborgensten Tiefe eines menschlichen Wesens erwacht. Nur zu diesem Sinne sind seine Äußerungen zu verstehen, die im *Vinaya* und *Majjhima Nikaya* oder sonstwo mitgeteilt worden. In dem *gatha*, das schon weiter oben aus dem *Dhammapadam* zitiert wurde, ist etwas bemerkenswert, das dem Folgenden ähnelt. Doch kommt der positive und dynamische Aspekt hier stärker und auffallender zur Geltung:

> Ich habe gesiegt, und ich weiß alles.
> Ich bin erleuchtet ganz durch mich selbst,
> niemand ist mein Lehrer.
> Niemand gleicht mir in der Welt,
> die voller Gottheiten ist.
> Ich bin der allein würdige,
> der höchste Lehrer.
> Ich bin der einzige vollkommen Erleuchtete.
> Ich bin zur Ruhe gekommen.
> Ich bin nun im Nirvana.[1]

(Interessant mag sein, daß es im *Dhammapadam* ein anderes *gatha* gibt, worin dieser Empfindung ebenfalls Ausdruck verliehen wird. Es ist möglich, daß beide Zitate ursprünglich der gleichen Quelle entstammen. Im *Dhammapadam* lautet diese Stelle folgendermaßen: »Ich habe alles überwunden, weiß alles, in allen Lebenslagen bin ich frei von Fehl. Ich habe alles verlassen, und durch die Vernichtung des Durstes bin ich frei. Indem ich Gewißheit durch mich selbst erlangte, wen sollte ich als meinen Lehrer bezeichnen?«)

Dieser Siegesgesang drückt den höchsten Augenblick der Erleuchtungserfahrung aus, die Buddha hatte. In dem früher zitierten Vers, der die Entdeckung des *gahakaraka, des* »Haus- (Zelt-) bauers« und das Niederreißen seines Werkes schildert, erkennen wir den negativen Aspekt der Erfahrung Buddhas, während wir im zweiten, hier wiedergegebenen Vers, der von dem erhabenen Gefühl des Sieges handelt, von der Verwirklichung des höchsten Wissens *(prajna)* und dem Bewußtsein des eigenen Wertes, den positiven Aspekt dieser Erfahrung voll ins Blickfeld treten sehen.

[1] Zitiert nach *The Majjhima Nikaya*, Oxford University Press (Englische Übersetzung Lord Chalmers).

Das Bewußtsein des Sieges, wie es im Geiste Buddhas zur Zeit seiner Erleuchtung erwachte, kann nicht als das Produkt der Einbildung angesehen und mit dem gleichgesetzt werden, was im Geist Schizophrener oder in den Köpfen der Führer politischer oder militärischer Mächte vorzugehen pflegt. Bei ihm, dessen egozentrische Wünsche in Stücke zerbrochen waren, erhebt sich das Bewußtsein des Sieges vielmehr aus den tiefsten Gründen des Seins. So ist das Gefühl des Sieges nicht das Ergebnis eines Ringens von Kräften, die dem niederen Bereich des Daseins angehören. Die Erleuchtungserfahrung ist die Manifestation einer höheren Macht, einer höheren Einsicht, einer höheren Eins-werdung. Sie ist jenseits der Sphäre relativen Bewußtseins, welches das Schlachtfeld von Kräften gleicher Ordnung ist. Die eine Kraft mag zeitweilig ihren Sieg über eine andere feiern, doch wird dieser Sieg binnen kurzem unweigerlich abgelöst durch einen anderen. Das liegt in der Natur unseres relativen Bewußtseins. Erleuchtung aber ist die Erfahrung, die ein Mensch nur haben kann, wenn sich ihm ein höherer Bereich der Eins-werdung enthüllt — das heißt, wenn das eigentliche Fundament der völligen Übereinstimmung erreicht ist. Die Erleuchtungserfahrung ist daher jene Erfahrung, die wir nur haben, wenn wir den höchsten Gipfel erklommen haben, von dem aus sich das ganze Feld der Wirklichkeit überblicken läßt. Oder wir können sagen, sie ist die Erfahrung, die nur erlangt wird, wenn wir bis auf das Fundament vorgedrungen sind, welches das ganze System mannigfacher Welten stützt. Hier ist das Bewußtsein höchster Erfülltheit, dem nichts mehr hinzugefügt werden kann. Alles ist erfüllt, gesättigt. Jedes Ding erscheint dem Bewußtsein, so wie es ist. Kurz, es ist ein Zustand absoluter So-heit, absoluter Leere, die vollkommene Fülle ist. Buddhistische Philosophie ist infolgedessen die Philosophie der So-heit oder die Philosophie der Leere oder die Philosophie der Selbst-Identität. Sie geht aus von der absoluten Gegenwart, die ungetrübte Erfahrung ist, eine Erfahrung, worin es keine Unterscheidung in Subjekt und Objekt gibt und die gleichwohl kein Zustand des baren Nichts ist. Diese Erfahrung hat verschiedene Namen: Im Japanischen heißt sie *sono-mama*, im Chinesischen *chihmo*, manchmal *tzu-jan fa-erh* (japanisch: *jinen honi*). All das sind technische Hilfsbezeichnungen für sie *(termini technici)*, wovon jede gewisse charakteristische Merkmale oder Kennzeichen nach dem jeweiligen Blickpunkt, dem jeweiligen Beziehungssystem hervorhebt. Letzten Endes aber spottet die So-heit — oder Ist-heit *(isticheit)* in Eckharts Terminologie — aller Kennzeichnungen und Namen. Keine Worte können ausdrücken, was sie in Wirklichkeit ist, doch da Worte das einzige Mittel sind, mit dem wir Menschen unsere Gedanken mitteilen können, müssen wir uns ihrer bedienen — mit der Einschränkung, daß sich keines unseren Zwecken fügt, wobei dieses »sich nicht fügen« selbst schon die Sache verfehlt. Kein Wort ist zureichend. Von einem Wort zu behaupten, es sei zureichend, würde bedeuten, die Sache selbst zu verleugnen. So-heit übersteigt alle Dinge, sie läßt sich nicht binden. Kein Begriff kann sie erreichen, kein Verstand kann sie fassen. Daher wird sie »reine Erfahrung« genannt.

In dieser »reinen Erfahrung« gibt es keinen Unterschied zwischen »sollte« und »ist«, zwischen Form und Sache oder Inhalt, und infolgedessen gibt es darin auch kein Urteil. Christus hat sie, die reine Erfahrung, wenn er sagt: »Ich bin, bevor Abraham war.« Oder Gott ist darin, jenseits des Machtspruchs: »Es werde, es geschehe!« Oder Budhha, welcher — nach dem *Dhammapadam* — der *anantagocara* ist (»der, dessen Grenzen unendlich sind«), der *apada* (»der Pfadlose«), dessen Sieg nicht übertroffen werden kann, der dort ist, wohin keine Spur führt und wohin ihm niemand in dieser Welt zu folgen vermag. Ein Zen-Meister würde fordern, du solltest dein Gesicht zeigen, das du hattest, bevor du in diese Welt der Vielfalt hineingeboren wurdest — so häßlich es auch sei. Die buddhistische Philosophie der So-heit geht also aus von dem, was unserem Bewußtsein ganz ursprünglich zu eigen ist: von der »reinen Erfahrung«, wie ich es genannt habe. In Wirklichkeit freilich heißt, von »reiner Erfahrung« sprechen, sich schon irgendwie festlegen, schon Position beziehen — und damit hört die Erfahrung bereits auf, rein zu sein. Das *Dhammapadam* spiegelt diesen Gedanken wider, wenn es den Ausgangspunkt der buddhistischen Philosophie als pfadlos *(apada)* bezeichnet, als grenzenlos *(anantagocara)*, ortlos *(aniketa)*, formlos *(animitta)*, leer *(sunna)* und allem entbunden *(vimokkha)*. Mit psychologischen Begriffen wird er folgendermaßen umschrieben: leidlos *(vippamutta)*, allseitig erlöst *(sabbaganthappahina)*, furchtlos *(asantasin)*, begierdelos *(vitatanha)*. Allerdings pflegen diese psychologischen Begriffe sehr oft mißverstanden zu werden, weil sie auf Verneinung schließen lassen, wenn man sie oberflächlich linguistisch interpretiert. Doch will ich mich jetzt hierbei nicht aufhalten.

In diesem Zusammenhang muß eines vermerkt werden: daß »reine Erfahrung« nicht bloße Passivität ist. In Wirklichkeit gibt es nichts, was wir bloße Passivität nennen könnten. Das hat keinen Sinn und führt uns zu nichts. So lange Passivität erfahren wird, so lange muß es einen geben, der sie erfährt. Und dieser eine, der sie erfährt, ist ein Handelnder. Und nicht nur ein Handelnder, sondern auch ein Erkennender, denn er ist sich der Erfahrung bewußt. Reine Erfahrung ist weder eine Abstraktion noch ein Zustand der Passivität. Sie ist im höchsten Maße aktiv und schöpferisch. Eckhart bestätigt das, wenn er feststellt: »So also ist dein Unwissen kein Mangel, sondern deine oberste Vollkommenheit, und dein Erleiden ist so dein höchstes Wirken. Und so, in dieser Weise, mußt du dich aller deiner Betätigungen entschlagen und alle deine Kräfte zum Schweigen bringen, wenn du wirklich diese Geburt in dir erfahren willst.«[1] (Mit »diese Geburt« ist hier »das neugeborene Dasein« gemeint oder »die Verwandlung des Menschenkindes in das Kind Gottes«. Ferner ist damit »das Hören des Wortes« gemeint, das sich dem enthüllt, »der recht weiß im Unwissen«.)

Was ich noch an dem Sieges-*gatha* Buddhas hervorheben möchte, ist, daß Buddha sich selbst den »Alles-Überwinder« und auch den »All-Wissenden« nennt, womit er andeuten will, daß sein Sieg absolut und sein Wissen vollkommen ist, lückenlos. Er ist sowohl allwissend wie allmächtig. Seine Erfahrung hat etwas Noetisches, Geistiges und zugleich etwas Gemüthaftes oder Affektives, wobei sie die Wirklichkeit selbst widerspiegelt, die aus *prajna* und *karuna* besteht. Über *prajna*, das bisweilen mit »transzendentem Wissen« übersetzt wird, habe ich an anderer Stelle geschrieben. Darum werde ich hier über *karuna* sprechen. *Karuna* entspricht etwa dem, was im Abendland »Liebe« genannt wird. *Karuna* ist wie der Sand am Ganges: Alles trampelt auf ihm herum: Elefanten, Löwen, Esel, Menschen — doch er beklagt sich nie. Er wird beschmutzt vom Kot aller möglichen Tiere, aber er duldet es und äußert nie ein Wort des Unwillens. Eckhart würde erklären, die Sandkörner am Ganges seien »gerecht«, denn »die Gerechten

[1] Quint, S. 431.

haben keinerlei Willen: was Gott will, das gilt ihnen alles gleich, wie groß auch das Ungemach sei«.

Die Gerechten stehen so fest in der Gerechtigkeit und haben sich so gänzlich ihrer selbst entäußert, daß sie weder die Pein der Hölle noch die Freude des Himmelreiches noch irgend etwas beachten... Nichts ist dem gerechten Menschen peinvoller und schwerer, als was der Gerechtigkeit zuwider ist: daß er nicht in allen Dingen gleichmütig ist.[1]

Das Wort »Gerechtigkeit« schmeckt nun sehr nach »Gesetzhaftigkeit«, was der Idee der Liebe widerspricht. Doch wenn man »Gerechtigkeit«, wie Eckhart es interpretiert, von dem gemüthaften Blickpunkt aus betrachtet — in der Bedeutung von »Unparteilichkeit«, »Gleichmäßigkeit«, »Universalität« oder »All-Gefühl« —, beginnt es sich dem buddhistischen Begriff *karuna* zu nähern. Ich darf hinzufügen, daß der Mahayana-Buddhismus den Begriff *karuna* weiterentwickelt hat zu *pranidhana* oder *purvapranidhana* und jeden Bodhisattva zur Inkarnation einer bestimmten Zahl von *pranidhana* machte. So hat Amitabha zum Beispiel achtundvierzig *pranidhana*, Samantabhadra hat zehn, und Ksitigarbha hat ebenfalls zehn. Im allgemeinen wird *pranidhana* übersetzt mit »Gelöbnis« oder »inbrünstiger Wunsch« oder »Gebet« oder einfach »Begehren«, doch vermitteln diese Worte nicht die volle Bedeutung des Sanskrit-Wortes, wie es im Mahayana gebraucht wird. Grob gesprochen können wir *pranidhana* mit »Liebe« wiedergeben, das Wort jeder praktischen Situation angepaßt, in der wir uns im Laufe eines individuellen Lebens befinden mögen. Amitabha hat sein »Reines Land«, in dem geboren zu werden er uns wünscht. Manjusri ist der Bodhisattva des *prajna*, und wer immer zu ihm kommt, wird mit einer Fülle von transzendentem Wissen oder Weisheit belohnt werden.

Nach alledem werden wir begreifen, daß »die Vernichtung von Wünschen oder Begierden« *(tanhanam khayam)*, die in der Lehre des frühen Buddhismus so nachdrücklich betont wird, nicht negativistisch verstanden werden darf. Die buddhistische Übung besteht darin, *trisna (tanha)* in *karuna* zu verwandeln, egozentrische Liebe in etwas Allumfassendes, Eros in Agape.

[1] Quint, S. 183.

Als Joshu (778—897) gefragt wurde: »Kann es sein, daß Buddha irgendwelche Wünsche *(klesa)* hegt?«, da antwortete er: »Ja, gewiß tut er das.« Der Fragesteller wollte wissen: »Wie ist das zu verstehen?« Der Meister entgegnete: »Sein Wunsch ist, das ganze All zu erlösen.«

Eines Tages hatte Joshu einen anderen Besucher, der fragte: »Ich höre so viel von der steinernen Brücke, die als einer der Anziehungspunkte eures Klostergeländes gepriesen wird. Jetzt, da ich sie sehe, ist sie nichts als ein alter Klotz. Wie steht es damit?«

Der Meister sagte: »Du siehst den Klotz und siehst nicht die steinerne Brücke.«

»Aber was ist denn die steinerne Brücke?« fragte der Besucher.

Die Antwort des Meisters war: »Sie läßt Pferde und auch Esel passieren.«

Mancher Menschen *pranidhana* ist zu schwach, als daß man sich sicher von ihm tragen lassen könnte, während das anderer stark ist und breit. Es gibt nichts, was nicht ungefährdet hinübergehen könnte. Mag *tanha* auch vernichtet sein, so dürfen wir doch nicht vergessen, daß es eine andere Wurzel hat, die in den tiefsten Grund des Seins reicht. Die Erleuchtungserfahrung muß das realisieren, obgleich der Buddhist gemeinhin mehr oder weniger nachlässig ist in der Herausstellung des *karuna*-Aspekts der Erfahrung. Das liegt daran, daß er zu sehr besorgt ist (und infolgedessen zu sehr in Eile), die Hindernisse auf dem Weg zur Erleuchtung zu beseitigen, denn er weiß, wenn diese einmal erlangt ist, dann kann er alles, was danach kommt, sich selbst überlassen, weil es sich selbst zu schützen weiß. Wenn das verheerende Feuer gelöscht ist, wartet der Wald nicht auf Hilfe von außen, sondern nimmt seine biologische Funktion von selbst wieder auf. Wenn ein Mensch von einem giftigen Pfeil getroffen wird, geht es vor allem darum, den Pfeil aus der Wunde zu ziehen, bevor das Gift zu tief eindringt. Danach wird der Körper die Wunde durch seine eigene Lebenskraft heilen. Ebenso kommt es bei den menschlichen Leidenschaften darauf an, als erstes ihre Wurzel aus Unwissenheit und Ichsucht zu zerstören. Ist das gründlich geschehen, dann wird die Buddha-Natur aus *prajna* und *karuna* die ihr ureigene Wirksamkeit entfalten. Der Urgrund der So-heit ist nicht statisch, er ist voll dynamischer Kräfte.

Lassen Sie mich diese Studie über Buddhas Erleuchtungserfahrung schließen, indem ich noch einen von Daito Kokushis Aussprüchen zitiere. In Japan und China wird von Buddha berichtet, er habe seine Erleuchtung am Morgen des achten Dezember erfahren. Nach einer Zeit tiefer Meditation blickte er zufällig zum Himmel auf und sah dort hell den Morgenstern leuchten. Dies war der Anlaß, daß plötzlich etwas wie ein auflodernder Blitz durch sein Bewußtsein glitt, der seinem Suchen nach der Wahrheit endgültig ein Ende setzte. Er hatte die Empfindung, daß alle Bürden, die er getragen hatte, von seinen Schultern abfielen, und ein langer Seufzer der Erleichterung entrang sich ihm. Die Zen-Buddhisten erinnern sich besonders gern dieses Ereignisses, und am achten Dezember jedes Jahres findet eine Gedächtnisfeier statt.

Als Daito, der »Lehrer des Volkes«, in der Dharmahalle erschien, trat ein Mönch hervor und stellte eine Reihe von Fragen:

»Die Überlieferung berichtet, daß der Bodhisattva am heutigen Tage Erleuchtung erlangte und daß er seither als Tathagata bekannt ist. Was aber ging in seinem Geist vor, als er den Morgenstern sah? Was begriff er da plötzlich?«

Der Lehrer entgegnete: »Vollkommen rein! Ganz und gar fleckenlos!«

Der Mönch: »Wenn auch nur ein Stäubchen in deinem Auge ist, läßt es dich nicht alle möglichen Luftblüten sehen?«

Lehrer: »Sei nicht so redselig!«

Mönch: »Würdest du es billigen, wenn ich in dieser Art fortfahre?«

Lehrer: »Du fragst meinen Stab, der es besser weiß als ich.«

Mönch: »Der Lauf der Dinge ist heute, wie er in der Vergangenheit war. Warum weigerst du dich, dich mit meinem Fall zu befassen?«

Lehrer: »Weil dich noch immer ein Zwiespalt beherrscht.«

Mönch: »Ohne diese Bemerkung hätte ich gewiß deine Absicht verfehlt.«

Lehrer: »Dein Argument ist schlagend.«

Mönch: »Wenn einer wirklich aufrichtig ist, braucht er sich nicht zu schämen.«

Lehrer: »Viele sind wie du.«

(Diese Fragen und Antworten mögen den meisten Lesern ziemlich rätselhaft klingen. Eine Erklärung soll an anderer Stelle, bei besserer Gelegenheit, folgen.)

Daito, der »Lehrer des Volkes«, hielt daraufhin eine kurze Predigt:

> »Der Mond ist heiter und klar,
> die Sterne scheinen hell.
> Kein Sakyamuni ist da,
> und von wessen Erleuchtung ist hier die Rede?«

Darauf hielt er seinen Stab senkrecht hoch und erklärte: »Schmutz über Schmutz häuft er auf.«

III

EIN »PÜNKTLEIN« UND SATORI

1

In Inges *Mysticism in Religion* wird Meister Eckhart folgendermaßen zitiert:

Die Vereinigung der Seele mit Gott geschieht weit mehr innen als die von Seele und Körper. Nun könnte ich fragen: Wie steht es mit der Seele, die in Gott verloren ist? Findet die Seele sich dort oder nicht? Darauf will ich antworten, wie es mir richtig erscheint, nämlich, daß die Seele sich in dem Punkt wiederfindet, wo jegliches erkennende Wesen sich durch sich selbst erkennt. Obgleich sie in die Ewigkeit des göttlichen Seins versinkt, kann sie doch niemals den Grund erreichen. Daher hat Gott ein Pünktlein gelassen, worin die Seele zu sich zurückkehrt und sich findet und sich als ein Geschaffenes erkennt.[1]

Hinsichtlich des »Pünktleins«, auf das diese Stelle bei Eckhart verweist, erhebt sich eine interessante Streitfrage. Ich weiß nicht, wo Dean Inge die Stelle fand. Es wäre wünschenswert, den voll-

[1] Diese Stelle haben wir nach Inge rückübersetzt.

ständigen Text zu kennen, in dessen Zusammenhang sie vorkommt, wenn man den »Punkt« wirklich diskutieren will, doch können wir auch mit Hilfe unserer allgemeinen Kenntnis der Eckhartschen Philosophie weiterkommen. Ein Interpret besteht darauf, Eckhart spreche hier von dem menschlichen Unvermögen, den Grund der Wirklichkeit zu erreichen, den tiefsten »Grund des göttlichen Seins«. Nach dieser Interpretation besteht eine unüberbrückbare Kluft zwischen »jedem erkennenden Wesen« und »der Ewigkeit des göttlichen Seins«. Gott versehe uns daher mit einem »Pünktlein«, durch das wir rationalen Geschöpfe auf uns selbst zurückgeworfen würden und uns bewußt machten, daß wir schließlich *endliche* Wesen seien und für immer davon ausgeschlossen, im Schoß oder dem innersten Sein Gottes aufzugehen.

Ein anderer Interpret denkt darüber folgendermaßen: Nach Eckharts ganzer Denkart zu urteilen, wie sie sich in seinen Predigten ausdrücke, meine Eckhart hier durchaus nicht, daß die Kluft zwischen dem göttlichen Seinsgrund und uns absolut unüberbrückbar sei. Im Gegenteil, er deute an, daß er selbst die Kluft übersprang und dabei auf diese Seite der rationalen Existenz zurückkehrte.

Dieser Interpret legt Wert darauf festzustellen: Wie könne Eckhart, wenn er nicht selbst das scheinbar Unüberschreitbare überschritten habe, sagen, Gott habe ein »Pünktlein« gelassen, so als sei er Gott selbst? Oder aber — um in logischen Kategorien zu sprechen: Wenn Eckhart sage, da sei eine Kluft, und diese Kluft sei unüberbrückbar, dann müsse er selbst doch bereits dort gewesen sein, die Kluft gesehen und sie tatsächlich überblickt und unüberschreitbar gefunden haben.

In unserer relativen Denkart ist das Endliche scharf vom Unendlichen getrennt, eines kann nicht zum anderen kommen, es gibt keinen Weg, beides zu vereinen. Wenn wir aber die Begriffe genauer untersuchen, dann finden wir, daß das eine das andere mit einschließt oder teilhat am anderen und daß auf Grund dieser Einschließlichkeit oder dieser Teilhabe das eine vom anderen in unserem Denken getrennt werden kann. Denn Trennung ist möglich, wo etwas beisammen ist und umgekehrt. In diesem Sinn ist das Endliche unendlich und das Unendliche endlich.

Aber hier berühren wir einen heiklen Punkt, über den wir nicht so ohne weiteres hinweggleiten dürfen. Wenn wir sagen, das Endliche ist unendlich, dann bedeutet das nicht, daß das Endliche in seiner relativen Endlichkeit unendlich sei. Und ebenso ist es mit dem Unendlichen. Endlichkeit und Unendlichkeit gehen ineinander über und werden eins, wenn alle Vorstellungen von Relativität ausgelöscht sind. Doch müssen wir sehr vorsichtig sein, dieses Auslöschen nicht auf der relativen Ebene stattfinden zu lassen, denn in diesem Fall wird ein weiteres Auslöschen notwendig sein, und so kann das ewig weitergehen. Daran scheitern viele Intellektuelle und werden so zu Opfern ihrer eigenen Geschicklichkeit. Wenn sie von einer unüberbrückbaren Kluft sprechen und von einem Punkt, durch den wir zur Umkehr bewegt werden, vergessen sie, daß sie damit schon das Unüberschreitbare überschritten haben und sich auf der anderen Seite befinden. Nur dank ihrer stets unterscheidenden Denkweise liegt das Unbetretbare jenseits für sie, während sie in Wirklichkeit dort sind. Wir sind besessen von der Gewohnheit, die Wirklichkeit zu betrachten, indem wir sie entzweien. Selbst wenn wir etwas wirklich besitzen, verbringen wir unsere Zeit damit, darüber zu diskutieren, und kommen am Ende zu dem Schluß, daß wir es nicht haben. All das geht auf die menschliche Gewohnheit zurück, die *eine* dauerhafte Wirklichkeit in zwei Teile zu spalten, und das Ergebnis ist, daß unser »Haben« kein Haben ist und unser »Nicht-haben« kein Nicht-haben. Während wir in Wahrheit hinübergehen, bestehen wir darauf, daß die Kluft unüberschreitbar sei. Wenn Eckhart sagt, Gott habe ein »Pünktlein« gelassen, dann deshalb — so verstehe ich es —, um uns an die Tatsache zu erinnern, daß wir alle endliche Wesen sind, »Geschöpfe« also, die *als solche* niemals den göttlichen Urgrund erreichen können. Insofern jedoch, als wir in die Ewigkeit des göttlichen Wesens eingehen — insofern *sind* wir schon auf dem Grund. Dort sind wir Gott selbst. Nur wenn wir das »Pünktlein«, das Gott gelassen hat, *sehen*, kehren wir zurück zu uns selbst und wissen, daß wir Geschöpfe sind. Dieses *Sehen* entzweit, und alle möglichen Aufspaltungen finden statt, und wir sind nicht länger Gott, nicht länger, wie Eckhart sagt, »Eines mit Einem, Eines von Einem, Eines in Einem und in Einem Eines ewiglich«. Dies ist der Augenblick, »da die Zeit einbricht und all die Eigenschaften der Dinge, die der Zeit angehören — welche neben dem Zeitlosen besteht.«[1]

[1] Quint, S. 149.

Wir alle sehen sie *neben* dem Zeitlosen, die Zeit. Aber warum sehen wir die Zeit nicht *in* der Zeitlosigkeit und die Zeitlosigkeit *in* der Zeit?

2

Das »Pünktlein«, das Gott ließ, entspricht dem, was die Zen-Buddhisten *satori* nennen. Wenn wir dieses »Pünktlein« berühren, erfahren wir *satori*. Satori erfahren bedeutet, an oder in diesem »Punkt« Eckharts zu stehen, von dem aus wir in zwei Richtungen sehen können: in die Richtung auf Gott und in die Richtung auf das Geschaffene hin. Anders ausgedrückt: Von hier aus ist das Endliche unendlich und das Unendliche endlich. Dieses »Pünktlein« ist voller Bedeutung, und ich bin sicher, Eckhart hatte eine *satori*-Erfahrung.

Eckharts »Pünktlein« ist *Auge*. Mit seinen eigenen Worten: »Das Auge, in dem ich Gott sehe, das ist dasselbe Auge, darin mich Gott sieht. Mein Auge und Gottes Auge, das ist ein Auge und ein Sehen und ein Erkennen und ein Lieben.« Und weiter: »Soll mein Auge die Farben sehen, so muß es ledig sein aller Farbe. Sehe ich blaue oder weiße Farbe, so ist das Sehen meines Auges, das die Farbe sieht — ist eben das, was da sieht —, dasselbe wie das, was gesehen wird mit dem Auge.«[1] Wenn aber das Sehen das Gesehene ist und das Gesehene das Sehen, dann ist das »Versinken in der Ewigkeit des göttlichen Seins« das »Erreichen des Grundes«, denn einen »Grund« außerhalb oder »neben dem Zeitlosen« kann es nicht geben, der Grund oder »göttliche Urgrund« ist das göttliche Sein, und das Versinken darin ist das Erreichen des Grundes.

Was uns trotz alledem zu der Meinung verführt, Eckhart vertrete die Doktrin der Unüberschreitbarkeit unseres geschöpflichen Seins, kommt daher, daß er uns hier mehr an unsere Geschöpflichkeit als an unser Eins-sein mit Gott oder unser Herstammen aus dem Urgrund zu erinnern scheint. Das »Pünktlein«, von dem hier die Rede ist, scheint dazu da, uns zurückzuwerfen auf unser endliches Wesen, tatsächlich aber kann das »Pünktlein« uns umgekehrt geradewegs zur Gottheit führen. Eckhart nennt den, der dieses Wunder vollbringt, »den Edlen«, und er definiert ihn so:

[1] Quint, S. 216.

So auch, sage ich, nimmt und schöpft der edle Mensch sein ganzes Sein, Leben und seine Seligkeit bloß nur von Gott, bei Gott und in Gott, nicht vom Gott-Erkennen, -Schauen oder -Lieben oder dergleichen. Darum sagt unser Herz beherzigenswert treffend, ewiges Leben sei dies: Gott allein als den einen, wahren Gott zu erkennen, nicht aber: zu erkennen, daß man Gott erkennt.[1]

Hiernach unterscheidet Eckhart zwei Arten von Wissen: die eine ist, Gott als den einzigen wahren Gott zu erkennen, und die andere: Gott durch Kenntnisse *über* ihn zu kennen. Diese zweite Art ist »eine ›Abenderkenntnis‹, und da sieht man die Geschöpfe in Bildern mannigfaltiger Unterschiedenheit«. Dagegen ist die erste Art »eine ›Morgenerkenntnis‹, und auf diese Weise schaut man die Geschöpfe ohne alle Unterschiede und aller Bilder entbildet und aller Vergleichung entkleidet in dem Einen, das Gott selbst ist«.[2] Kann diese Art Wissen nicht auch das Wissen vom Überschreiten des (scheinbar) Unüberschreitbaren genannt werden? Ist es nicht dies, was ein Mensch erlangt, wenn das »Pünktlein« ihn sich Gott zuwenden läßt, in dem alle Geschöpfe, alle Trennungen, Unterscheidungen, Vergleiche und Vorstellungen hinfällig werden und nur Gott selbst bleibt, in Gott und mit Gott?

Eckhart stellt in dem Traktat über »den Edlen«, aus dem die obigen Zitate stammen, fest:

Im Unterschied findet man weder das Eine noch das Sein noch Gott noch Rast noch Seligkeit noch Genügen. Sei Eins, auf daß du Gott finden könntest! Und wahrlich, wärest du recht Eins, so bliebest du auch Eins im Unterschiedlichen, und das Unterschiedliche würde dir Eins und vermöchte dich nun ganz und gar nicht zu hindern.[3]

Wo Unterschiede sind, da kannst du »das Eine« oder »das Sein« nicht finden, aber wenn du dieses »Eine« (und dieses Eine *ganz*) bist, dann können alle Unterschiede, all die verschiedenen Dinge bleiben, wie und was sie sind, und werden doch allesamt Teile jenes Einen sein und dir kein Hindernis in den Weg legen, um Kegons Terminologie zu gebrauchen. Was mich betrifft, so mag ich den Terminus »Teile« nicht im Zusammenhang mit »dem

[1] Quint, S. 147.   [2] Quint, S. 146.   [3] Quint, S. 145.

Einen«. »All die verschiedenen Dinge« sind nicht Teile — sondern das Eine selbst. Sie sind nicht Teile in dem Sinne, als ergäben sie, zusammengenommen, das Ganze. »Teile« ist ein trügerischer Begriff.

Eckhart fährt fort: »Das Eine bleibt gleichmäßig Eins in tausendmal tausend Steinen wie in vier Steinen, und Tausendmaltausend ist ebenso gewiß eine einfache Zahl, wie die Vier eine Zahl ist.«

Die Idee der Zahl ist die eigentliche Triebfeder der Lehre von der Unüberschreitbarkeit. Der Gedanke, Überschreitbares von Unüberschreitbarem oder »endlich« von »unendlich« zu trennen, entspringt einer dualistischen Vorstellung, der Vorstellung vom entzweiten, gespaltenen Einen, dessen zwei Pole absolute Gegensätze sind, einander widersprechend, einander ausschließend, ohne Möglichkeit der Versöhnung. Das Eine entzieht sich der Kategorie der Zahl, nur der intellektuell verkrampfte Verstand versucht, es auf seine eigene Ebene herabzuziehen. Die Sprache ist ein nützliches Mittel, sich mitzuteilen und auszudrükken, doch wenn wir versuchen, sie für die tiefste Erfahrung, die der Mensch haben kann, nutzbar zu machen, stellen wir uns selbst eine Falle und wissen nicht, wie wir uns wieder frei machen sollen. Eckhart unterliegt dem gleichen Dilemma, wie wir den folgenden Auszügen entnehmen können.

Ich sage: Wenn der Mensch, die Seele, der Geist Gott schaut, so weiß und erkennt er sich auch als erkennend, das heißt: er erkennt, daß er Gott schaut und erkennt. Nun hat es etliche Leute bedünkt, und es scheint auch ganz glaubhaft, daß Blume und Kern der Seligkeit in jener Erkenntnis liegen, bei der der Geist erkennt, *daß* er Gott erkennt. Denn wenn ich alle Wonne hätte und wüßte nicht darum, was hülfe mir das und was für eine Wonne wäre mir das? Doch sage ich mit Bestimmtheit, daß dem nicht so ist.[1]

Demnach genügt Eckhart offensichtlich das bloße Erkennen Gottes und das Bewußtsein dieses Erkennens seitens des Geistes nicht, denn er erklärt, daß die Seligkeit des Geistes darin bestehe, vollkommen in Gott aufzugehen, ohne noch darum zu wissen:

[1] Quint, S. 146.

Ist es gleich wahr, daß die Seele ohne dies [will sagen: ohne das Bewußtsein des Erkennens Gottes] wohl nicht selig wäre, so ist doch die Seligkeit nicht darin gelegen. Denn das erste, worin die Seligkeit besteht, ist dies, daß die Seele Gott unverhüllt schaut. Darin empfängt sie ihr ganzes Sein und ihr Leben und schöpft alles, was sie ist, aus dem Grunde Gottes und weiß nichts von Wissen noch von Liebe noch von irgend etwas überhaupt. Sie wird still ganz und ausschließlich im Sein Gottes. Sie weiß dort nichts als das Sein und Gott.[1]

Augenscheinlich meint Eckhart hier, daß Erkennen oder Wissen etwas *zwischen* dem Erkennenden und Gott ist, daß das Bewußtsein von Gottes Gegenwart kein Stille-sein im Sein Gottes ist, und daß dies daher kein Fundament sei, auf das sich Seligkeit im Geiste gründen könne. Darin hat Eckhart ganz recht, wenn wir das Erkennen Gottes oder das Wissen von Gott so verstehen, wie man »Wissen« gemeinhin versteht, nämlich als Resultat einer Beziehung von Subjekt und Objekt. So sagt er: »Wenn sie (die Seele) aber weiß und erkennt, daß sie Gott schaut, erkennt und liebt, so ist das der natürlichen Ordnung nach ein Ausschlag aus dem und ein Rückschlag in das Erste.« Sich bewußt sein, daß man Gott erkennt, heißt: *über* Gott zu wissen, wenn dieses Wissen dem herkömmlichen Gang des Erkenntnis-Prozesses folgt. Aber welche Art von Wissen oder Erkennen sollen wir unter dem Wissen oder dem Erkennen verstehen, auf das sich die folgende Stelle bezieht:

Denn der Mensch muß in sich selber Eins sein und muß dies suchen in sich und im Einen und empfangen im Einen, das heißt: Gott lediglich schauen — und »zurückkommen«, das heißt: wissen und erkennen, *daß* man Gott erkennt und weiß.[2]

Welche Art von Erkennen und Wissen meint er hier? Gibt es in diesem Erkennen die Trennung von Subjekt und Objekt? Wenn es das Wissen von der absoluten Einheit Gottes und des Menschen ist, was bedeutet denn dieses »Wissen und Erkennen, *daß* man Gott erkennt und weiß«? Wenn Eckhart ferner sagt, daß wir umkehren oder »zurückkommen« müssen — meint er damit, wir sollten nach allem, was dem vorausging, »das Fundament der

[1] Quint, S. 147.   [2] Quint, S. 148.

Seligkeit im Geiste« verlassen und in die natürliche Ordnung der Dinge zurückkehren? Welcher Unterschied sollte zwischen der »Seligkeit im Geiste« und dem Wissen von der vollkommenen Einheit bestehen? Sind die Entzückungen der »Seligkeit im Geiste« dem vorzuziehen, was Eckhart an anderer Stelle das »Überhüpfen« oder »Überspringen aller Geschöpfe«[1] nennt, als die Voraussetzung der Erkenntnis Gottes?

Eckhart zitiert Lukas, 19/12: »Ein Edler zog aus in ein fernes Land, sich ein Reich zu gewinnen — und kehrte zurück.« Der »Edle« ist, nach Eckhart, »ein Mensch, der sich Gott vollkommen unterwirft, alles aufgibt, was er ist und hat«. Er »zog aus«, das heißt, »daß man in ihm nirgends von Nichtigkeit [oder Eitelkeit] etwas finde noch gewahr werde und daß ihm die Eitelkeit [oder Nichtigkeit] so völlig benommen sei, daß man da einzig finde reines Leben, Sein, Wahrheit und Gutheit«. Er hat die »Morgenerkenntnis«, in der man die Geschöpfe ununterschieden voneinander erblickt. Aber nach Eckhart reicht diese Erkenntnis nicht aus, der Edle muß frei sein von allen Erkenntnisformen. Und dann fährt Eckhart fort: »So also sage ich, daß es zwar Seligkeit nicht gibt, ohne daß der Mensch sich bewußt werde und wohl wisse, *daß* er Gott schaut und erkennt. Doch verhüte Gott, daß meine Seligkeit darauf beruhe! Wem's anders genügt, der behalte es für sich, doch erbarmt's mich.«[2] Eckhart ist hier tief in Widersprüche verstrickt. Er preist die Erkenntnis, das Wissen, verwirft es danach und nimmt es schließlich als erwünscht wieder auf. Offenbar genügt es nicht, daß man »auszieht«, um ein Edler zu sein, man muß auch »zurückkehren«. In dem Vorgang des »Ausziehens« und dem Gewinnen des Königreiches ist das bloße Wissen von der Eins-heit Gottes mit ihm, dem Edlen, nicht mehr als Wissen *über* Gott. Solches Wissen aber ist zweifellos weit davon entfernt, den zufriedenzustellen, der ernsthaft Gott sucht. Die Seele muß Gott schauen »ohne etwas dazwischen« und muß »ihr ganzes Sein und Leben und alles, was sie ist, aus dem Grunde Gottes schöpfen«.[3] Ist aber diese Bedingung erfüllt, dann muß der Edle »umkehren«, denn er muß »Gott wissen«, sich seines Wissens bewußt sein. Eckhart scheint »Wissen« in zweierlei Sinn zu gebrauchen, in einem relativen Sinn und in einem absoluten. Daher der scheinbare Widerspruch.

[1] Quint, S. 344.   [2] Quint, S. 148.   [3] Quint, S. 147.

Tatsächlich ist es so, daß wir in unserer Eigenschaft als menschliche Wesen unser Verständnis der Wirklichkeit, so wie sie ist (in ihrer »So-heit« also), mit Worten nicht ausdrücken können. Wenn wir es trotzdem versuchen, werden wir unweigerlich in Widersprüche verwickelt. Eckhart sagt: »Gottes Schauen und unser Schauen sind einander völlig fern und ungleich.«[1] Da er diese Feststellung treffen konnte, muß er eine gewisse Kenntnis von Gott gehabt haben, die ihn befähigte, der menschlichen Welt diese Botschaft vom anderen Ufer zu bringen, Botschaft »aus dem innersten Grunde göttlicher Natur und ihrer Einöde«. »Wenn ich Farbe sehen soll, so muß ich das an mir haben, was zur Farbe gehört. Nimmermehr werde ich Farbe wahrnehmen, ich habe denn das Wesen der Farbe an mir.«[2] Wäre Gott nicht schon in uns, wir könnten niemals wissen, wie unähnlich oder ähnlich er uns ist. In diesem Zusammenhang zitiert Eckhart Paulus und Johannes: »Wir werden Gott erkennen, so wie wir von ihm erkannt sind« — und: »Wir werden Gott erkennen, wie er ist.« Ein Bild kann dem Objekt, das es wiedergibt, »unähnlich« sein, dennoch besteht kein Zweifel, daß es das Original darstellt, und insofern muß von ihm gesagt werden, es sei dem Original »ähnlich«. Was das Bild zum Abbild macht, das ist die Gegenwart des Originals in ihm, und in dieser Gegenwart des Originals ist es ebenso real wie das Original selbst. Das Original erkennt sich im Bild ebensogut wie in sich selbst. »Unähnlich« sein heißt in diesem Sinne also nichts anderes als — ähnlich sein. Sich dies bewußt zu machen, das ist die Bedeutung von »umkehren«.

Um wieder Eckhart zu zitieren: »Die Seele, die Gott finden soll, die muß alle Geschöpfe überhüpfen und überspringen.«[3] Gott aber finden oder erkennen heißt, sich selbst als Geschöpf finden und erkennen. Gott erkennen ist »ausziehen«, wie es nach Eckhart der biblische Edle tut, und »umkehren« heißt, sich selbst als Geschöpf erkennen, indem man Gott erkennt. Wenn die Seele Gott erkennt, dann wird sie sich ihrer Eins-heit mit Gott bewußt, und gleichzeitig vergegenwärtigt sie sich, wie verschieden von ihm, wie »unähnlich« sie ist. Das »Ausziehen« und das »Umkehren« sind eins. Diese in der Umkehr sich schließende Bewegung ist unsere geistige Erfahrung. Ein Zen-Meister wies den versammelten Mönchen einst einen Stab und sagte: »Wenn ihr einen Stab

[1] Quint, S. 148. [2] Quint, S. 347. [3] Quint, S. 344.

84

habt, will ich euch einen geben. Habt ihr keinen, will ich ihn euch wegnehmen.« Das Geben ist Nehmen, und das Nehmen ist Geben. Ein anderer Meister drückte sich so aus: »Werft alle eure Stäbe hin!« Solange der Stab uns im Wege ist, wird das Problem der Ähnlichkeit oder Unähnlichkeit, der Möglichkeit oder Unmöglichkeit des Überschreitens niemals endgültig gelöst.

3

Eckharts Vorstellung von dem »Pünktlein«, das Gott ließ, damit wir umkehren zu uns selbst und uns vergegenwärtigen, daß wir letzten Endes doch Geschöpfe sind — diese Vorstellung ist höchst suggestiv und voller Bedeutung. Die meisten Leser neigen freilich dazu, eine Darlegung wie diese als etwas anzusehen, das ihre eigene geistige Erfahrung nicht wirklich angeht, vielmehr als irgend etwas unpersönlich Allgemeines, dem sie die Eignung zum Thema einer philosophischen Abhandlung beimessen. Das ist weiter nicht schlimm, solange die Darlegung immerhin verstanden wird als Spiegelung der persönlichen Erfahrung dessen, der davon spricht. Eckharts »Pünktlein« ist meiner Meinung nach kein *feststehender* Punkt. Es ist vielmehr *in Bewegung* oder besser: dreht sich um sich selbst — und zwar ohne Unterlaß. Das soll heißen: der Punkt lebt, er ist nicht tot. Infolgedessen läßt uns Gott, wenn wir den Punkt erreichen, umkehren ins Kreatürliche, zugleich aber vergißt er nicht, uns an die andere Seite des Punktes zu erinnern. Stünde der Punkt fest und wiese nur in eine Richtung, dann könnten wir nicht zu uns selbst umkehren und uns in unserer Geschöpflichkeit finden. Die Ursache, weshalb wir umkehren können, liegt darin, daß wir über den Punkt hinaus in den Grund der göttlichen Natur blicken können. In Wirklichkeit ist es so, daß wir — während wir umkehren in unsere Geschöpflichkeit — allzeit den Grund selbst bei uns tragen, denn wir können ihn nicht zurücklassen, als wäre er etwas, das von uns getrennt und irgendwo an der Landstraße zurückgelassen und von sonstwem aufgelesen werden könnte. Geschöpflichkeit und Göttlichkeit müssen zusammengehen. Wo wir das eine finden, dort ist das andere auch. Das eine zurücklassen, wäre soviel wie: das andere — und sich selbst — töten. Das »Pünktlein« ist so etwas wie die Achse, um die wir und Gott rotieren. Diese Wahrheit wird sich bestätigen, wenn ein Mensch den Punkt einmal wirklich erreicht. Dann besteht das Problem der Unüberschreitbarkeit nicht mehr für ihn, er wird sich nicht länger fragen, ob er hinübergehen kann oder nicht. Er ist, was er immer war. Um die Bedeutung des Punktes zu erkennen, muß man ihn *sehen*, denn Gott ließ ihn nicht dort, wo er ist, um Philosophen oder Theologen Gelegenheit zu geben, über sein Vorhandensein zu disputieren, so als wolle er ihnen helfen, ihre darüber vorgefaßten Theorien zur Geltung zu bringen.

Mancher mag nun sagen: Wenn das »Pünktlein« lediglich dazu da ist, uns bewußt zu machen, daß wir letzten Endes Geschöpfe sind, was nützt es dann, in die Ewigkeit des göttlichen Seins zu blicken? Wir alle wissen doch, auch bevor wir zu dem »Pünktlein« gelangen, daß wir Geschöpfe sind. — Das ist jedoch nichts als disputieren um des Disputierens willen. Wir müssen uns nämlich klarmachen, daß dieses Sehen des »Pünktleins« etwas bewirkt, daß wir »die größtmögliche Wandlung in dieser Welt« nennen können. Wir sind in der Tat nach unserer Begegnung mit dem »Pünktlein« ganz andere Geschöpfe, nicht länger dieselben wie vorher. Wir sind nun Geschöpfe in Gott und mit Gott, nicht geschöpfliche Geschöpfe. Es gibt Leute, die glauben, das »Pünktlein« trenne uns für immer von Gott. Und sie meinen, wir hätten Gott, nachdem wir uns von dem »Pünktlein« entfernt haben, für ewig auf der anderen Seite gelassen. Das Gegenteil ist der Fall. Als wir nach der Begegnung mit dem »Pünktlein« zu uns zurückkehrten, haben wir alles aus seinem Umkreis ergriffen und tragen es bei uns. Wäre es anders, wir fänden uns alle tief versunken in der Leere der Gottheit, und das wäre das Ende unser Geschöpflichkeit. Denn die Fülle des göttlichen Seins drückt sich einzig aus in der Geschöpflichkeit alles Geschaffenen.

Ich glaube, es ist nicht zu rechtfertigen, wenn man sich zur Bekräftigung der Doktrin von der Unüberschreitbarkeit auf dieses »Pünktlein« beruft. An anderen Stellen trifft Eckhart Feststellungen, die der Idee vom »Pünktlein« durchaus widersprechen. Beispielsweise an dieser:

Solange noch irgend etwas von Kreatur in dich leuchtet, solange siehst du Gott nicht, wie klein es auch sein mag. Darum sprach die Seele im Buch der Liebe: »Ich bin umhergelaufen und habe gesucht, den meine Seele liebt, und ich fand ihn nicht.« Sie fand Engel und mancherlei, aber den fand sie nicht, den ihre Seele liebte. Sie sprach weiter: »Danach, als ich ein weniges oder ein kleines übersprang, da fand ich den, den meine Seele liebt« — recht als wenn sie hätte sagen wollen: »Als ich alle Geschöpfe überhüpft hatte, da fand ich den, den meine Seele liebt.« Die Seele, die Gott finden soll, die muß alle Geschöpfe überhüpfen oder überspringen.[1]

Die Predigt, der diese Stelle entstammt, steht unter dem Leitspruch: »Über ein kleines oder ein weniges, und alsbald werdet ihr mich nicht sehen«, was nach Eckhart bedeutet: »Wenn etwas noch so Kleines an der Seele haftet, ›so seht ihr mich nicht‹«, womit Gott gemeint ist. Ferner: »Alle Geschöpfe jagen und wirken von Natur aus zu dem Ende, Gott gleich zu werden. Der Himmel liefe nimmer um, jagte oder suchte er nicht nach Gott. Wäre Gott nicht in allen Dingen, die Natur wirkte noch begehrte nichts in irgendwelchen Dingen.« Und dieses Suchen ist das Verlangen, Gott in seinem unverhüllten Wesen zu sehen.

Wäre die Seele gänzlich entblößt oder enthüllt von allem Vermittelnden, so wäre auch Gott für sie entblößt oder enthüllt, und gäbe Gott sich ihrer gänzlich. Solange aber die Seele noch nicht enthüllt oder entblößt ist von allem Vermittelnden, wie klein es auch sein mag, solange sieht sie Gott nicht. Gäbe es zwischen Leib und Seele irgend etwas Vermittelndes, und wäre es nur eine Haaresbreite groß, so wäre da niemals rechte Einung vorhanden. Da dem bei leiblichen Dingen schon so ist, so trifft es um vieles mehr bei geistigen Dingen zu. Boethius sagt: »Willst du die Wahrheit lauter erkennen, so lege ab Freude und Furcht, Zuversicht und Hoffnung und Pein.« Freude ist ein Vermittelndes, Furcht ein Vermittelndes, Zuversicht und Hoffnung und Pein — das alles ist ein Vermittelndes. Solange du es ansiehst und es nun wiederum dich ansieht, solange siehst du Gott nicht.[2]

Das sind alles bedeutsame und bezeichnende Feststellungen, die uns Einblick in den Kern des Eckhartschen Denkens gewähren.

[1] Quint, S. 543.   [2] Quint, S. 344.

Er fordert von uns nicht, daß wir die Gottheit hinter uns lassen, er erwartet vielmehr, daß wir unsere Schalen ablegen, und bittet auch Gott, seine Schalen abzulegen, wenn er welche hat außer denen, die wir ihm umgelegt haben. Beide, wir und Gott, müssen nackt und unverhüllt sein, wenn zwischen ihnen eine Vereinigung stattfinden, wenn Identität herrschen soll. Nackt und unverhüllt sein heißt aber: leer sein, denn beide, Gott und Geschöpf, können sich nur die Hand reichen, wenn sie sich im Feld absoluter Leere *(sunyata)* begegnen, wo weder Licht noch Schatten ist.

Betrachten wir aber noch weitere Sätze von Eckhart über das Thema. Die folgenden sind aus einer Predigt, in der Eckhart zunächst Paulus zitiert, der sagt: »Ich wollte ewiglich geschieden sein von Gott um meines Freundes und um Gottes willen.« Eckhart fährt dann fort:

Das Höchste und das Äußerste, was der Mensch lassen kann, das ist, daß er Gott um Gottes willen lasse. Nun ließ Sankt Paulus Gott um Gottes willen. Er ließ alles, was er von Gott nehmen konnte, und ließ alles, was Gott ihm geben konnte, und alles, was er von Gott empfangen konnte. Als er dies ließ, da ließ er Gott um Gottes willen, und da *blieb* ihm Gott, so wie Gott in sich selbst seiend ist, nicht in der Weise seines Empfangen- oder Gewonnen- werdens, sondern in der Seins-heit [oder Ist-heit = *isticheit*], die Gott in sich selbst ist. Er gab Gott nie etwas, noch empfing er je etwas von Gott. Es ist ein Eines und eine lautere Einung.[1]

Darlegungen wie diese müssen die Christen seiner Zeit höchst merkwürdig berührt haben, ja sie müssen ihnen blasphemisch vorgekommen sein, und vermutlich haben sie auf die Christen unserer Tage die gleiche Wirkung. Vom Blickpunkt des Buddhi- sten aus klingen sie jedoch in keiner Weise seltsam oder un- gewöhnlich oder erstaunlich. Sie sind vielmehr ein ganz gelä- figer Ausdruck buddhistischen Denkens. Doch Eckhart bleibt hier nicht stehen. Er fährt fort:

Gott gibt allen Dingen gleich, und so wie sie von Gott fließen, so sind sie gleich ... Nimmt man eine Fliege in Gott, so ist sie edler in Gott als der höchste Engel in sich selbst ist. Nun sind

[1] Quint, S. 214.

alle Dinge in Gott gleich und sind Gott selbst. Hier in dieser
Gleichheit ist's Gott so lustvoll, daß er seine Natur und sein Sein
in sich selbst in dieser Gleichheit gänzlich durchströmt. Dies ist
ihm lustvoll gleicherweise, wie wenn einer ein Roß laufen läßt auf
einer grünen Heide, die völlig eben und gleich wäre. Des Rosses
Natur wäre es, daß es sich im Springen auf der Heide mit aller
seiner Kraft gänzlich ausgösse. Dies wäre ihm eine Lust und
seiner Natur gemäß. Ebenso ist es für Gott lustvoll und beglük-
kend, wenn er Gleichheit findet. Es ist ihm eine Lust, daß er seine
Natur und sein Sein da völlig ausgießt in die Gleichheit, weil er
die Gleichheit selbst ist.[1]

Ist dies nicht eine bemerkenswerte Äußerung der geistigen
Intuition des Autors? Hier ist Gott, wie wir sehen, nicht jenseits
des »Pünktleins«, sondern mitten auf dem grünen Rasen mit
»seinem ganzen Wesen und Sein« in voller Entfaltung. Er hält
nichts von sich zurück. Er galoppiert wie ein Pferd, er singt wie
ein Vogel, er blüht wie eine Blume, ja er tanzt wie ein junges
Mädchen. Eckhart, der unter herkömmlich denkenden, traditions-
gläubigen Christen des Mittelalters lebte, muß sich in seinem
Ausdruck gebunden gefühlt haben und ging daher nicht so weit,
wie der Zen-Meister geht. Sonst hätte er mit der gleichen Selbst-
verständlichkeit wie der Zen-Meister »das hölzerne Pferd wiehern
und den steinernen Mann tanzen« lassen.

In gewisser Hinsicht kann das »Pünktlein« als übereinstim-
mend mit dem buddhistischen Begriff *ichi-nen* angesehen werden
(*ekacittaksana* oder *ekaksana* in Sanskrit und *i-nien* im Chinesischen). Dieses »Pünktlein« Eckharts markiert, wenn ich seine Bedeutung richtig verstanden habe, den Wendepunkt in der So-heit
des Göttlichen. Solange das Göttliche in seiner So-heit verharrt,
das heißt: in seinem unverhüllten Wesen, ist es die Leere selbst,
aus der kein Laut hervordringt, der kein Duft entströmt — ist es
»über aller Gnade, aller Erkenntnis, allem Begehren« oder — wie
die buddhistischen Denker sagen würden — ganz und gar unzugänglich und unerreichbar. Durch das »Pünktlein« aber kommt es
in Berührung mit den Geschöpfen, indem es »die Seele umkehren
läßt zu sich selbst, sich selbst finden und als Geschöpf erkennen
läßt«. Der Augenblick, in dem die Seele sich ihre Geschöpflichkeit

[1] Quint, S. 215.

klarmacht, ist auch der Augenblick, da Gott sich seines Kontakts mit den Geschöpfen bewußt wird. Wir können diesen Augenblick auch den Schöpfungsaugenblick nennen. Bei Eckhart finden wir dazu folgende Sätze:

Als ich noch in meiner ersten Ursache stand, da hatte ich keinen Gott, und da war ich Ursache meiner selbst. Ich wollte nichts, ich begehrte nichts, denn ich war ein lediges Sein und ein Erkennen meiner selbst im Genuß der Wahrheit. Da wollte ich mich selbst und wollte nichts sonst. Was ich wollte, das war ich, und was ich war, das wollte ich, und hier stand ich Gottes und aller Dinge ledig. Als ich aber aus freiem Willensentschluß ausging und mein geschaffenes Sein empfing, da hatte ich einen Gott. Denn ehe die Geschöpfe waren, war Gott noch nicht »Gott«: er war vielmehr, was er war. Als die Geschöpfe wurden und sie ihr geschaffenes Sein empfingen, da war Gott nicht in sich selber Gott, sondern in den Geschöpfen war er Gott.[1]

Die Gottheit muß Gott werden, um mit den Geschöpfen in Beziehung zu treten. Der biblische Gott als Schöpfer der Welt ist nicht mehr der Gott, der er war. Er machte sich selbst zu dem, der er ist, indem er die Welt schuf. Doch auch dieser Gott ist nicht in zeitlichen Begriffen zu denken. Der geschichtliche Gott ist die Schöpfung eines relativ denkenden Verstandes und als solcher weit entfernt von der Gottheit. Er ist ein Geschöpf wie wir selbst. Eckhart sagt: »Und wäre es so, daß eine Fliege Vernunft hätte und auf dem Wege der Vernunft den ewigen Abgrund göttlichen Seins, aus dem sie gekommen ist, zu suchen vermöchte, so würden wir sagen, daß Gott mit alledem, was er als ›Gott‹ ist, nicht einmal dieser Fliege Erfüllung und Genügen zu verschaffen vermöchte.«[2] Ein geschichtlicher Gott muß die Vernunft einer Fliege haben, will er in das unmittelbare Wesen der Fliege eindringen. Das Aufflackern dieser »Vernunft« in der Seele, um Eckharts Terminologie zu gebrauchen, setzt das »Pünktlein« voraus.

[1] Quint, S. 304.   [2] Quint, S. 304.

IV

LEBEN IM LICHT DER EWIGKEIT

1

Ewigkeit ist, wie ein Philosoph definiert, »eine unbegrenzte Ausdehnung von Zeit, worin jedes Ereignis einmal Zukunft, einmal Gegenwart, einmal Vergangenheit ist«.[1]

Das ist zweifellos eine interessante Definition, aber was ist »Unbegrenztheit«? Kein Anfang, kein Ende? Was ist Zeit ohne Anfang und Ende? Kann Zeit nicht ohne Ewigkeit und Ewigkeit nicht ohne Zeit definiert werden? Ist Ewigkeit Zeit, die sich unentwegt in zwei Richtungen fortbewegt: zur Vergangenheit hin und in Richtung auf die Zukunft? Ist Zeit in Stücke oder bezifferte Abschnitte zerspaltene Ewigkeit?

Sehen wir zu, ob eine symbolische Vergegenwärtigung der Ewigkeit unserem Verstehen oder unserer Vorstellung mehr entgegenkommt.

Ich sah die Ewigkeit in letzter Nacht
wie einen großen Reif aus reinem unbegrenztem Licht,
ganz still und klar in seinem Glanz —
und unten, rings, in Stunden, Tagen, Jahren: ZEIT,
von Sphären umgetrieben,
schattenhaft bewegt — darin die Welt
und all ihr Trug gequirlt.[2]

Die Verse Henry Vaughans sind, wie Bertrand Russell nachweist[3], augenscheinlich inspiriert von Platons *Timaios*, worin Platon feststellt:

Da nun die Natur des Urbildes eine unvergängliche ist, diese Eigenschaft jedoch dem Erzeugten vollkommen zu verleihen unmöglich war, so sann er [Gott] darauf, ein bewegliches Bild der Unvergänglichkeit zu gestalten, und machte, dabei zugleich den

[1] *The Dictionary of Philosophy*, herausgegeben von Dagobert D. Runes (New York, Philosophical Library, S. 97).
[2] Henry Vaughan, *The World*.
[3] *History of Western Philosophy*, S. 144.

Himmel ordnend, dasjenige, dem wir den Namen Zeit beigelegt haben, zu einem in Zahlen fortschreitenden unvergänglichen Bilde der in dem Einen verharrenden Unendlichkeit. Da es nämlich, bevor der Himmel entstand, keine Tage und Nächte, keine Monate und Jahre gab, so ließ er damals, indem er jenen zusammenfügte, diese mitentstehen.[1]

Später sagt Platon, Himmel und Zeit seien so eng miteinander verknüpft, daß, wenn eines von beiden verginge, auch das andere vergehen müsse:

Die Zeit entstand also mit dem Himmel, damit, sollte je eine Auflösung stattfinden, sie als zugleich erzeugt zugleich aufgelöst würden — und nach dem Vorbilde des durchaus unvergänglichen Wesens, damit sie ihm so ähnlich wie möglich sei. Denn das Vorbild ist die ganze Ewigkeit hindurch seiend, die Zeit hingegen fortwährend zu aller Zeit geworden, seiend und sein werdend.

Der Himmel ist die Ewigkeit. Und »Sonne, Mond und die fünf Sterne« sind »die Erscheinungsformen der Zeit, welche die Ewigkeit nachahmen und einem Zahlengesetz folgend sich drehen«, sind die sich bewegenden Abbilder des ewigen Wesens, das allein »ist« und nicht dem Werden gehorcht. Was wir mit unseren Sinnen sehen, ist nicht der Himmel, nicht das ursprüngliche ewige Wesen selbst, das allein Gottes Geist durchwest. Wenn wir daher »im Licht der Ewigkeit leben« wollen, müssen wir in Gottes Geist eindringen. »Ist das möglich?« könnte man fragen. Allein, es geht nicht um die *Möglichkeit*, dieses Ziel zu erreichen — sondern um die *Notwendigkeit*. Andernfalls wären wir nicht einmal in der Lage, auch nur dieses unser an die Zeit gebundenes und nach Tagen und Nächten, Monaten und Jahren gemessenes Leben zu leben. Was aber notwendig ist, das muß möglich sein. Wenn das Ewige sich weigerte, sich in den »Formen der Zeit« zu manifestieren, dann überließe es die Formen der Zeit dennoch nicht hilflos sich selbst. Es müßte in sie eingedrungen sein, obgleich es sie verneinte. Wenn das Ewige sich den bewegten, wechselnden, fühlenden Formen der Zeit verweigerte, so verbärge es sich dennoch in ihnen. Wenn wir sie aufnehmen, müssen wir »die Keime des

[1] Platon, *Sämtliche Werke*, Rowohlts Klassiker, Bd. 5, S. 160.

Ewigwährenden« in ihnen erkennen. »War« und »wird sein« muß im »ist« sein. Was endlich ist, muß in sich, mit sich alles tragen, was zur Unendlichkeit gehört. Wir, die wir dem Werden der Zeit unterliegen, müssen daher fähig sein, das zu sehen, was ewig »ist«. Das bedeutet: die Welt zu sehen, wie Gott sie sieht, *sub specie aeternitatis*, wie Spinoza sagt. Ewigkeit kann als Negation menschlicher Endlichkeit angesehen werden, doch da diese Endlichkeit in ständigem Wechsel und Werden begriffen ist, sich also ständig selbst aufhebt (oder »negiert«), ist das in Wahrheit »Negative« die Welt — und nicht die Ewigkeit. Das Ewige muß daher das absolut Positive sein, das unser begrenzter menschlicher Verstand mit negativen Begriffen definiert. Wir müssen die Welt in dieser Positivität, dieser Bejahung sehen, so wie Gott sie sieht: jedes Ding als Teil des Ganzen. »Leben im Licht der Ewigkeit« kann nichts anderes bedeuten.

B. Jowett, der englische Übersetzer Platons, schreibt in seiner Einleitung zu *Timaios:*

Nicht nur der Buddhismus, sondern auch die griechische und die christliche Philosophie zeigen, daß es dem menschlichen Geist durchaus möglich ist, sich einen Enthusiasmus für bloße Negationen zu bewahren. Die Ewigkeit oder das Ewige ist nicht einfach das zeitlich Unbegrenzte, sondern das Eigentliche allen Seins, das Realste aller Realitäten, das Gewisseste allen Wissens, das wir nichtsdestoweniger nur durch trübes Glas sehen.[1]

Der Enthusiasmus, auf den Jowett hier anspielt, ist jedoch kein Enthusiasmus »für bloße Negationen«. Er kann nicht dem menschlichen Aspekt der Endlichkeit entspringen. Er muß aus der Ewigkeit selbst kommen, die in Wahrheit im Endlichen vorhanden ist und die das Endliche zu dem macht, was es ist. Was vom logischen Gesichtspunkt aus »bloße Negation« zu sein scheint, ist in Wirklichkeit die Ist-heit der Dinge. Solange es uns nicht gelingt, die bloße Logizität unseres Denkens zu übersteigen, wird es in keinem von uns auch nur irgendeine Art von Enthusiasmus geben. Was uns bis in die Wurzel unseres Seins aufrührt, muß aus der großen Bejahung kommen und nicht aus Verneinung.

[1] *Dialogues of Plato*, Bd. III, S. 398, London, Oxford University Press.

Der Buddhismus wird von westlichen Gelehrten im allgemeinen für negativistisch gehalten. Etwas ist nun an ihm, das diese Ansicht zu rechtfertigen scheint, wenn wir beispielsweise Nagarjunas Lehre von den »acht Verneinungen« betrachten:

> Es gibt keine Geburt,
> noch gibt es Tod.
> Es gibt keinen Anfang,
> noch gibt es ein Ende.
> Nichts ist sich selbst gleich,
> noch ist irgend etwas voneinander verschieden.
> Nichts tritt ins Dasein ein,
> noch tritt etwas aus dem Dasein heraus.[1]

Worauf Nagarjuna hier zielt, indem er alles verneint, was vom *Dharma* (der letzten Wirklichkeit) ausgesagt werden kann, das ist: aufzuzeigen, was er »den mittleren Weg« nennt. Der »mittlere Weg« ist nicht einfach Nichts, er ist etwas, das nach jeder möglichen Verneinung bleibt. Sein anderer Name ist »das Unerreichbare«, und das *Prajna-paramita-Sutra* lehrt die Lehre vom Unerreichbaren. Ich will versuchen zu erläutern, was damit gemeint ist, um die tieferen Zusammenhänge dieser widersprüchlichen Darstellung zu klären. Ich werde dazu die kleine Geschichte aus Kapitel II wiederholen.

In der Tang-Dynastie der chinesischen Geschichte gab es einen großen Gelehrten, der in dieser Lehre gründlich bewandert war. Er hieß Tokusan (790—865, chinesisch Tê-shan). Er war mit der Zen-Form der buddhistischen Lehre, die — besonders im Süden Chinas — an Einfluß gewann, ganz und gar nicht einverstanden. Um sie zu widerlegen, machte er sich von Szuchuan im Südwesten Chinas aus auf den Weg. Seine Absicht war, ein großes Zen-Kloster im Distrikt von Li-yang zu besuchen.

Als er sich ihm näherte, dachte er sich mit einer Tasse Tee zu stärken. Er betrat ein Teehaus an der Straße und bat um eine Erfrischung. Die alte Frau, die das Teehaus verwaltete, sah auf seinem Rücken ein Bündel und fragte, was das sei.

[1] *Madhyamika-Shastra, (Abhandlung über den Mittleren Weg).*

Tokusan antwortete: »Das ist Shoryos (Ching-lungs) großer Kommentar zum *Diamant-Sutra*« (einem Abschnitt aus dem großen *Prajna-paramita-Sutra*).

»Ich habe eine Frage, und wenn du sie mir beantwortest, will ich dir gern umsonst etwas Erfrischendes reichen. Wenn nicht, mußt du sehen, wie du anderswo etwas bekommst.«

»Wie lautet deine Frage?« fragte der Mönch.

»Nach dem Diamant-Sutra ist der Geist, der vergangen ist, und der Geist, der zukünftig ist, und der Geist, der gegenwärtig ist, unerreichbar. Wenn das so ist, welchen Geist willst du dann stärken?«

Hier ist eine Erklärung notwendig. Im Chinesischen bedeutet das Wort für »Erfrischungen«. *tien-hsin*, wörtlich »den Geist stärken«. Ich weiß nicht, wo das Wort herkommt. Die Teehausverwalterin, die vom »Geist« im Zusammenhang mit »Erfrischungen« sprach, zitierte das Sutra, worin der Geist als mit zeitlichen Begriffen in Vergangenheit, Gegenwart und Zukunft »unerreichbar« bezeichnet wird. Wenn das aber der Fall ist, dann kann der Mönch keinen »Geist« haben. den er »stärken« möchte. Daher die Frage.

Tokusan war verblüfft, weil er sich, während er das Sutra auf die herkömmliche Weise begrifflicher Interpretation studierte, nie darauf vorbereitet hatte. solcherart Fragen zu begegnen. Er konnte die Frage nicht beantworten und mußte ohne seinen Tee gehen. Wer nicht weiß, wie er sich über das Zeitliche erheben soll, wird es natürlich schwer finden. Nirvana oder die Ewigkeit zu erlangen.

Die »Unerreichbarkeit« des Nirvana liegt darin, daß man es am anderen Ufer der Werde-Welt sucht, als wäre es etwas jenseits von Zeit oder Geburt-und-Tod *(samsara)*. Nirvana ist *samsara*, und *samsara* ist Nirvana. Deshalb ist die Ewigkeit, das Nirvana, dort zu erfassen, wo die Zeit, das *samsara*, ihrem Bewegungsgesetz folgt, fortschreitet. Erfrischungen können nicht außerhalb der Zeit zu sich genommen werden. Das Zu-sich-Nehmen ist Zeit. Es ist etwas Erreichbares, und doch geht es in etwas Unerreichbares über. Denn ohne dieses unerreichbare Etwas hört alles Erreichbare auf, erreichbar zu sein. Dieses Paradoxon kennzeichnet das Leben. Zeit ist nicht zu fassen, das ist mit »unerreichbar« gemeint. Wenn wir versuchen, sie anzuhalten, indem wir sie von außen betrachten, dann können wir nicht einmal eine simple Erfrischung bekommen. Die Zeit objektiv in der Reihenfolge von Vergangenheit, Gegenwart und Zukunft einfangen zu wollen, gleicht dem Versuch, seinen eigenen Schatten zu greifen. Damit verneint man beharrlich die Ewigkeit. Das Unerreichbare muß *von innen* ergriffen werden. Man muß in ihm und mit ihm leben. Indem man sich bewegt und verändert, muß man zur Bewegung und Veränderung werden. Emerson singt in seinem »Brahma« vom Ewigen als dem »Einen« in den wechselnden und bewegten Formen der Zeit:

> Sie rechnen falsch, die mich verleugnen.
> Wenn sie mich fliehn, bin ich der Flug.
> Ich bin der Zweifler und der Zweifel,
> die Hymne, die der Brahmin singt.

Wo der »Zweifler und der Zweifel« eins sind, dort ist Brahma — als »das Abbild des ewigen Wesens«, das Gott selbst ist. Sind jedoch »Zweifler und Zweifel« geschieden und dem Mechanismus der Zeit, der zeitlichen Abfolge eingepaßt, dann zerspaltet die Dichotomie jeden Lebensmoment und verdunkelt für immer das Licht der Ewigkeit.

»Leben im Licht der Ewigkeit« heißt: in die Einheit und Allheit der Dinge gelangen und damit leben. Eben dies nennen die Japaner, »die Dinge *sono-mama* sehen«, in ihrer So-heit, »so wie sie sind«. Mit den Worten William Blakes ist das »die Unendlichkeit in der Hand halten — und die Ewigkeit ist eine Stunde«.

Die Dinge sehen, wie Gott sie sieht, heißt — nach Spinoza — sie unter dem Aspekt der Ewigkeit sehen. Alle menschliche Wertbestimmung ist freilich bedingt durch Zeit und Relativität. Es ist gewöhnlich schwierig für uns Menschen, »eine Welt in einem Sandkorn zu sehen und einen Himmel in einer wilden Blume«. Für unsere Sinne ist ein Sandkorn nicht die ganze Welt, noch ist eine wilde Blume am Rande des Ackers ein Himmel. Wir leben in einer Welt der Unterscheidung, und unser Enthusiasmus entzündet sich an der Betrachtung von Einzelheiten. Es gelingt uns nicht, sie »unmittelbar«, »lauter« oder »einheit-lich« zu sehen, wie Eckhart es fordert — oder wie es Spinozas Art zu sehen ist oder Blakes oder die anderer weiser Männer aus Ost und West.

Tennyson muß in einer ähnlichen Geistesverfassung gewesen sein, als er eine wilde Blume von einer rissigen Mauer pflückte und sie nachdenklich betrachtete.[1]

3

So schwierig es aber auch sein mag, die Welt auf diese Art zu erleben, seltsam oder vielmehr wunderbar für die meisten von uns ist es, daß wir gelegentlich doch über die zeitlich-relativistische Sehweise hinausgelangen. In solchen Augenblicken wird uns bewußt, daß das Leben lebenswert und der Tod nicht das Ende all unseren Strebens ist und daß ferner das, was die Buddhisten »Durst« *(trisna)* nennen, tiefer wurzelt, als wir gemeinhin annehmen, da es unmittelbar aus der Wurzel von *karuna* wächst (was in etwa unseren Begriffen »Mitgefühl«, »Erbarmen« oder – umfassender ausgedrückt – »Liebe« entspricht).

Lassen Sie mich einen japanischen Haiku-Dichter des achtzehnten Jahrhunderts, Basho, zitieren. Eines seiner Siebzehn-Silben-Gedichte lautet:

> Sieh genau hin,
> dann entdeckst du die Nazuna-Blüte
> unter der Hecke.

Die Nazuna ist eine unscheinbare wilde Pflanze. Selbst wenn sie blüht, ist sie kaum wahrzunehmen, denn sie ist ohne auffallende Schönheit. Doch wenn ihre Zeit kommt, blüht sie und erfüllt damit, was ihr von Anbeginn der Schöpfung bestimmt ist. Sie kommt unmittelbar von Gott wie jede andere Daseinsform. Es ist nichts Geringes an ihr. Ihre bescheidene Pracht übersteigt alle menschliche Kunstfertigkeit. Wir aber gehen gewöhnlich an ihr vorbei und widmen ihr nicht die geringste Aufmerksamkeit. Basho muß damals seltsam beeindruckt gewesen sein durch ihr Blühen unter der dicht wuchernden Hecke, wo sie — kaum wahrnehmbar — demütig ihr zartes Köpfchen erhob. Der Dichter äußert darüber keine Gefühlsregungen. Er macht keinerlei Andeutungen über »Gott und Menschen«, noch äußert er seinen Wunsch, zu be-

[1] *Flower in the Crannied Wall.*

greifen, »was deine Wurzel ist und die Wurzel von allem in allem«. Er schaut einfach die Nazuna an, die so unscheinbar ist und doch so voll himmlischen Glanzes, und geht weiter, versunken in Kontemplation über »das Mysterium des Seins«, umflutet vom Licht der Ewigkeit. An dieser Stelle ist es wichtig, den Unterschied zwischen Ost und West aufzuzeigen. Als Tennyson die Blume in der rissigen Mauer bemerkte, »pflückte« er sie und hielt sie in seiner Hand und ging weiter und dachte über sie nach, wobei er seine abstrakten Gedanken über Gott und Mensch, über die Gesamtheit der Dinge und die Unerforschlichkeit des Lebens fortspann. Das ist charakteristisch für den Menschen des Westens. Sein Geist arbeitet analytisch. Sein Denken ist auf das Äußere oder »Objektive« der Dinge gerichtet. Statt die Blume in ihrer Mauerritze weiterblühen zu lassen, muß Tennyson sie abpflücken und in seiner Hand halten. Wäre er wissenschaftlich interessiert gewesen, er hätte sie ohne Zweifel ins Laboratorium gebracht, sie zerlegt und unter dem Mikroskop betrachtet. Oder er hätte sie in allerlei chemischen Substanzen aufgelöst, in Reagenzgläsern oder über einer Flamme untersucht. Und so hätte er es mit allem gemacht, mit Mineralien und Pflanzen, mit Tier oder Mensch. Er wäre mit dem menschlichen Körper, dem toten oder lebendigen, auf dieselbe gleichgültige, indifferente Weise verfahren wie mit einem Stein. Auch das ist eine Art, die Welt unter dem Aspekt der Ewigkeit zu sehen — oder besser: unter dem Aspekt völliger »Gleichheit«.

Wenn der Wissenschaftler (obgleich dieses »Wenn« nie erfüllt werden wird) seine Forschungen, Untersuchungen und Beobachtungen beendet hat, wird er sich in allen Arten abstrakten Denkens ergehen, er wird über Evolution, Vererbung, Genetik, Kosmogonie nachdenken. Ist sein Geist geneigt, noch abstrakter zu denken, wird er seine Spekulation ausdehnen auf die metaphysische Deutung des Daseins. Tennyson ging nicht so weit. Er war ein Dichter, der mit konkreten Bildern umging.

Vergleicht man dies alles mit Basho, dann sieht man, wie anders der östliche Dichter auf sein Erlebnis reagiert. Vor allem: er »pflückt« nicht die Blume, er verstümmelt sie nicht, er läßt sie, wie und wo er sie fand. Er reißt sie nicht aus dem Zusammenhang dessen, was sie umgibt, er betrachtet sie in ihrem *sono-mama*-Zustand — und zwar nicht nur für sich, sondern in der Situation, in der sie sich befindet (»Situation« im weitesten und tiefsten möglichen Sinn).

Ein anderer japanischer Dichter sagt von den wilden Blumen:

> All diese wilden Blumen der Felder —
> sollte ich wagen, sie anzurühren?
> So wie sie sind, biete ich sie dar
> all den Buddhas der tausendmal
> dreitausend Welten!

Hier haben wir das Gefühl von Ehrfurcht, Geheimnis und Wunder, das hochreligiös ist. Doch wird dem kein besonderer Ausdruck verliehen. Basho spricht zunächst nur ganz einfach von seinem »genauen Hinsehen«, das nicht notwendigerweise von der zweckvollen Absicht gelenkt ist, etwas im Gebüsch der Hecke zu finden. Er blickt sich lediglich absichtslos um und fühlt sich überraschend angesprochen von der bescheiden blühenden Pflanze, die sich gewöhnlich unserer Entdeckung entzieht. Er bückt sich und betrachtet sie »genau« aus der Nähe, um sicher zu sein, daß sie eine Nazuna ist. Er ist tief angerührt von ihrer schmucklosen Schlichtheit, die dennoch teilhat an der Herrlichkeit ihres unbekannten Ursprungs. Er sagt kein Wort über die Empfindungen in seinem Innern, jede Silbe ist objektiv, mit Ausnahme der beiden letzten Silben: *kana*.[1] *Kana* läßt sich nicht übersetzen — außer vielleicht durch ein Ausrufungszeichen, das einzige Zeugnis der Subjektivität des Dichters. Es liegt in der Natur des Haiku — eines Gedichtes von nur siebzehn Silben —, daß es nicht alles ausdrücken kann, was bei seiner Entstehung in Bashos Geist vor sich ging. Doch gerade, daß Basho so extrem epigrammatisch und sparsam mit Worten ist, gibt jeder verwendeten Silbe die Kraft der unausgesprochenen inneren Empfindung des Dichters, obgleich vieles von dem, was sich zwischen den Silben verbirgt, auch dem Leser zu entdecken bleibt. Der Dichter verweist auf einige wenige Bezugspunkte in seinem Siebzehn-Silben-Gedicht und überläßt es der mitschwingenden oder mitfühlenden Einbildungskraft des Lesers, den inneren Zusammenhang zwischen diesen Punkten herzustellen.

---

[1] *Yoku mireba Nazuna hana saku Kakine Kana!*

Westliche Psychologen sprechen von der Theorie der Gefühlsübertragung, ich selbst bin eher geneigt, die Lehre von der Identität vorzuschlagen. »Übertragung« oder auch »Teilnahme« basiert auf der dualistischen Deutung der Wirklichkeit, während »Identität« in den Kern des Daseins zurückführt, wo noch keinerlei Dichotomie oder Entzweiung stattgefunden hat. Von dort aus wird »Teilnahme« eher verständlich. Denn Teilnahme ist ohne zugrunde liegende Identität gar nicht möglich. Wenn man von »Unterschied« spricht, setzt man Einheit voraus. Die Vorstellung der Zweiheit gründet auf der Vorstellung der Einheit. Zweiheit kann ohne Einheit nicht begriffen werden. Um sich das zu vergegenwärtigen, lese man folgende Stelle aus Thomas Trahernes (1636 bis 1674) *Centuries of Meditations:*

Niemals wirst du dich der Welt recht erfreuen, ehe nicht die See selbst in deinen Adern fließt, dich der Himmel umhüllt und die Sterne dich krönen. Und betrachte dich als den einzigen Erben der ganzen Welt — und mehr als das, denn Menschen sind in ihr, von denen jeder einzelne einziger Erbe ist, genau wie du.[1]

Oder diese Stelle:

Deine Freude an der Welt ist niemals echt, ehe du nicht allmorgendlich im Himmel erwachst, dich im Palast deines Vaters fühlst, den Himmel, die Erde, die Luft empfindest als paradiesische Freuden und ein solches Hochgefühl von allem hast, als seiest du unter Engeln.[1]

Empfindungen wie diese bleiben unverständlich, solange der Geist des Widerspruchs unser Bewußtsein beherrscht. Die Idee der Teilnahme oder der Gefühlsübertragung ist eine intellektuelle Interpretation der Ur-Erfahrung, während die Erfahrung selbst für keinerlei Dichotomie oder Zweiteilung Raum hat. Der Intellekt dagegen schleicht sich ein und spaltet die Erfahrung, um sie intellektueller Behandlung zugänglich zu machen, die stets im

[1] Thomas Traherne, *Centuries of Meditations*, London, 1950, P. J. & A. E. Dobell, S. 19.

Sinne der Unterscheidung erfolgt. Das ursprüngliche Gefühl der Identität ist dann verloren, und der Intellekt hat freie Bahn für die ihm eigene Praxis, die Wirklichkeit zu zerstückeln. »Teilnahme« oder »Gefühlsübertragung« sind das Ergebnis einer Intellektualisierung. Der Philosoph, der keine ursprüngliche Erfahrung hat, ist bereit, sich damit zu begnügen.

Nach John Hayward, der eine Einführung in die Ausgabe des Jahres 1950 von Thomas Trahernes *Centuries of Meditations* schrieb, ist Traherne »ein Theosoph oder Visionär, dessen mächtige Imagination ihn befähigte, durch den Schleier der Erscheinungen hindurchzusehen und die Welt in ihrem ursprünglichen Zustand der Unschuld wieder zu entdecken« — das heißt: den Garten Eden, das Paradies wiederzufinden, wo der Baum der Erkenntnis noch nicht begonnen hat, Frucht zu tragen. Die *Intimations* von Wordsworth sind weiter nichts als unsere Sehnsucht nach der verlorenen Ewigkeit. Daß wir von der verbotenen Frucht der Erkenntnis gegessen haben, hat uns zu der ständigen Gewohnheit geführt, alles zu intellektualisieren. Doch haben wir, mythologisch gesprochen, nie unsere Ur-Heimat der Unschuld vergessen. Das heißt: Wenn wir uns auch der Intellektualität und dem abstrakten Denken ergeben haben, so sind wir uns doch immer (wenn auch dunkel) bewußt, etwas verloren zu haben, das in den wohlgeordneten Koordinaten unserer Daseinsanalyse nicht erscheint. Dieses »Etwas« ist die ursprüngliche Erfahrung der Wirklichkeit in ihrer So- oder Ist-heit, in ihrem *sono-mama*-Zustand. »Unschuld« ist ein biblischer Begriff und entspricht ontologisch dem *sono-mama* der buddhistischen Terminologie. Lassen Sie mich noch ein wenig Traherne zitieren, dessen ewigkeitstrunkenes Auge die anfanglose Vergangenheit wie die endlose Zukunft zu überblicken scheint. Sein Buch der »Meditationen« ist voll wunderbarer Einsichten, die der tiefen religiösen Erfahrung eines Menschen entspringen, der seine uranfängliche Unschuld wiedergefunden hat.

Willst du die Kindheit dieser erhabenen himmlischen Herrlichkeit sehen? Die reinen, jungfräulichen Vorstellungen, die ich von Mutterleib an davon hatte, und das göttliche Licht, unter dem ich geboren ward, sind das Schönste bis zu dem Tag, da ich das All sehen werde ... Gewiß hatte Adam im Paradies keine süßeren und seltsameren Vorstellungen von der Welt als ich, da ich ein Kind war. Meine gänzliche Unwissenheit gereichte mir zum Vorteil. Ich glich einem, den man in den Stand der Unschuld zurückgebracht hat. Alles war fleckenlos und rein und herrlich — ja und unendlich mein und freudvoll und köstlich. Ich wußte nichts von Sünden oder Leiden oder Gesetzen. Ich träumte nicht von Not, Hader oder Lastern. Alle Träume und Wehklagen blieben meinen Augen verborgen. Alles war zufrieden, frei und unsterblich, ich wußte nichts von Krankheit oder Tod, nichts von Zins oder Erpressung, nichts von Steuern und Brot...

Alle Zeit war Ewigkeit und ein fortwährender Sabbat... Alle Dinge blieben unverrückt an dem Platz, wo sie waren. Ewigkeit wurde offenbar im Lichte des Tages, und hinter jedem Ding schien etwas Unendliches auf, das mit meiner Hoffnung sprach und meine Sehnsucht bewegte. Die Stadt schien im Paradiese zu stehen, im Himmel erbaut zu sein...

5

Mit diesen Sätzen verglichen, ist Zen prosaisch und emotional indifferent. Es sieht einen Berg und erklärt: das ist ein Berg — es kommt an einen Fluß und sagt nichts weiter als: das ist ein Fluß. Als sich für Chokei (Changching) nach zwanzig harten Jahren des Studiums endlich der Vorhang lüftete und er die Außenwelt sah, verlor er all sein früheres Zen-Verständnis und machte nur einfach diese Bemerkung:

Wie habe ich mich geirrt! Wie habe ich mich geirrt!
Hebe den Schleier und sieh die Welt!
Wenn jemand mich nach meiner Philosophie fragt,
will ich ihm flugs einen Schlag quer über den Mund geben mit
meinem *hossu.*

Chokei sagt nicht, *was* er sah, als sich ihm der Schleier lüftete. Er nimmt einfach jede Frage darüber übel. Er geht sogar soweit, dem Frager den Mund zu verschließen. Er weiß: wenn man auch nur den Mund auftut und »dies« oder »das« sagt, so hat man den Kern schon verfehlt. Das ähnelt der Äußerung eines anderen Meisters vor die Versammlung der Mönche. Den fragte ein Mönch, wer Buddha sei. Der Meister entgegnete: »Wo will dieser Mönch Buddha finden? Ist das nicht eine törichte Frage?« Wahrhaftig, wir sind alle geneigt zu vergessen, daß jeder von uns Buddha selbst ist. In der Sprache der Christen heißt das, daß wir alle Gott zum Ebenbilde gemacht sind — oder in Eckharts Worten, daß »Gottes Wesenheit meine Wesenheit« ist, »nicht weniger und nicht mehr«.[1]

Es mag in diesem Zusammenhang nicht unnütz sein, ein anderes Zen-Beispiel anzuführen, worin Gottes Ist- oder Wesenheit in der Welt der Vielheiten wie in der Welt absoluter Einheit wahrnehmbar gemacht wird. Für uns illustriert dieses Beispiel Eckharts Wissen, »daß ich Gott kenne, wie er mich kennt, nicht mehr und nicht weniger, sondern allzeit gleich«. Das heißt: die Dinge kennen, wie sie sind, sie lieben in ihrem *sono-mama*-Zustand, oder »die Gerechtigkeit um ihrer selbst willen lieben«, »Gott lieben ohne Grund«. (Eckharts »Gerechtigkeits«-Begriff ergibt sich aus einer seiner Predigten. Darin heißt es u. a.: »Der ist gerecht, der jedem gibt, was sein ist.« — »Die sind gerecht, die alle Dinge von Gott als gleich hinnehmen, was immer es sei, groß oder klein, lieb oder leid, und zwar ganz gleich, ohne Weniger oder Mehr, das eine wie das andere.« — »Die Gerechten leben ewig bei Gott, ganz gleich bei Gott, weder darunter noch darüber.« — »Gott und ich, wir sind eins. Durch das Erkennen nehme ich Gott in mich hinein. Durch die Liebe gehe ich in Gott ein.«[2])

Zen mag menschlichen Dingen so fern erscheinen, so weit ab von ihnen, daß mancher Leser zwischen Zen und Eckhart vielleicht nicht die enge Verwandtschaft sieht, die ich hier aufzuzeigen versuche. Tatsächlich jedoch gebraucht Eckhart meistens psychologische Wendungen, während Zen sich metaphysisch-transzendentalistisch ausdrückt. Wo aber immer es um die Identität von Gott und Mensch geht, werden die nachfolgenden Zen-Beispiele verständlich genug sein.

Hakuin (1685—1768), ein großer japanischer Zen-Meister der Tokugawa-Ära, berichtet in seinem berühmten Buch *Kwai-an-koku Go* von einem Gespräch zwischen Shun Rofu und einem sehr gewitzten Zen-Laienschüler. Shun (der während der Sung-Dynastie lebte) war noch ein junger Mann, als das Gespräch statt-

[1] Quint, S. 184. [2] Quint, S. 182-186.

fand. Es war seine Gewohnheit, jeden Mönchsbesucher, der sich seiner Gastfreundschaft erfreuen wollte, um eine Frage zu bitten. Und einst fand zwischen ihm und einem neuen Frager folgender Dialog statt.

Frage: »Wie ist das mit dem alten Spiegel, der so gründlich geputzt worden ist?«
Antwort: »Himmel und Erde sind erleuchtet.«
Frage: »Wie war er vor dem Putzen?«
Antwort: »Dunkel wie schwarzer Lack.«

Der Buddhist bedauerte, den Mönch fortschicken zu müssen, weil er seine Gastfreundschaft nicht recht verdiente. Der Mönch kehrte daraufhin zu seinem alten Meister zurück und fragte:

»Wie ist das mit dem alten Spiegel, der noch nicht geputzt worden ist?«
Antwort: »Han-yang ist nicht sehr weit von hier?«
Frage: »Wie ist es nach dem Putzen?«
Antwort: »Die Insel Ying-wu liegt vor dem Gartenhaus von Huang-huo.«

Dies hat, so heißt es, das Auge des Mönchs hinsichtlich der Bedeutung des alten Spiegels unverzüglich geöffnet. »Der Spiegel« in seiner Ist- oder So-heit kennt kein Putzen. Er ist der gleiche alte Spiegel, ob geputzt oder nicht. »Die Gerechtigkeit ist gleich«, sagt Eckhart. Denn »die Gerechten haben überhaupt keinen Willen — was Gott will, das gilt ihnen alles gleich.«

Hakuin eröffnet nun das folgende Frage-und-Antwort-Spiel *(mondo)*.

Ein Mönch fragte Ho-un von Rosozan, einen Schüler Nangaku Yejos (744 gestorben): »Wie sprechen wir und sprechen nicht?« Das ist das geiche, wie wenn man fragte: »Wie kommen wir über das Gesetz des Widerspruchs hinaus?« Wenn das Denken als solches gehindert wird, kann es auch kein Denken an Gott geben. Eckhart sagt: »Gott in sich sebst seiend ist, nicht in der Weise seines Empfangen- oder Gewonnenwerdens, sondern in **der Seins**heit *(isticheit)*, die Gott sich selbst ist.«[1]

[1] Quint, S. 215.

Welche Art Gott kann dies sein? Zweifellos übersteigt Gott all unser Denken. Wenn das aber so ist, wie kommen wir dann jemals dazu, Gott zu begreifen? Zu sagen, Gott ist »dies« oder »das«, heißt nach Eckhart, Gott verleugnen. Er ist *über* allen Aussagen, seien sie positiv oder negativ. Die Frage des Mönchs hier bringt uns letzten Endes in dieselbe Verlegenheit.

Ho-un von Rosozan entgegnete, statt dem Mönch direkt zu antworten: »Wo ist dein Mund?«

Der Mönch erwiderte: »Ich habe keinen Mund.«

Armer Mönch! Er war aggressiv genug, seine erste Frage zu stellen, in der er eine endgültige Antwort auf das Rätsel verlangte: »Wie kann die Wirklichkeit gleichzeitig Bejahung sein und Verneinung?« Aber als Ho-un die Gegenfrage stellte: »Wo ist dein Mund?«, war alles, was er sagen konnte: »Ich habe keinen Mund.« Ho-un war ein alter Mann. Da er sofort erkannte, wo der Mönch stand, das heißt, da er sah, daß der Mönch noch unfähig war, die Gespaltenheit der Wirklichkeit zu überwinden, fuhr er fort: »Wie ißt du deinen Reis?« Der Mönch wußte darauf keine Antwort. (Die Frage ist, ob er die ganze Situation überhaupt begriff.)

Als später Tozan, ein anderer Meister, von diesem *mondo* hörte, gab er seine eigene Antwort: »Er fühlt keinen Hunger und braucht keinen Reis.«

Einer, der »keinen Hunger fühlt«, ist »der alte Spiegel«, der nicht geputzt zu werden braucht, er ist der, welcher »spricht und doch nicht spricht«. Er ist »gerecht«, die »Gerechtigkeit« selbst, denn »Gerechtigkeit« ist die So-heit der Dinge. »Gerecht« sein meint: *sono-mama* sein, den Weg des »Alltags-Bewußtseins« gehen, »essen, wenn man hungrig ist, und ruhen, wenn man müde ist«. In diesem Sinne deute ich Eckharts Satz: Erfüllte ich Gottes Willen »ohne Unterlaß, wahrlich, so wäre ich Jungfrau ohne Behinderung durch alle Bilder, wie ich's war, da ich noch nicht war.«[1]

»Jungfräulichkeit« besteht darin, unbelastet von jeder Art »Begreifen« zu sein, »ja, ja« zu antworten, wenn man mich beim Namen ruft. Ich treffe einen Freund auf der Straße, er sagt »guten Morgen«, und ich antworte »guten Morgen« — entsprechend der christlichen Denkweise: »Hieße Gott einen Engel sich an einen Baum begeben und hieße ihn Raupen davon ablesen,

[1] Quint, S. 159.

der Engel wäre dazu bereit, die Raupen abzulesen, und es wäre
seine Seligkeit und wäre Gottes Wille.«[1]

Ein Mönch fragte einen Zen-Meister:

»Ich höre, ein alter Weiser hat gesagt: ›Ich ziehe den Vorhang
auf und sehe das helle Licht des Tages. Ich rücke den Stuhl, und
die blauen Berge grüßen mich.‹ Was ist damit gemeint: ›Ich ziehe
den Vorhang auf und sehe das helle Licht des Tages‹?«

Der Meister sagte: »Reiche mir bitte den Krug dort.«

»Was bedeutet: ›Ich rücke den Stuhl, und die blauen Berge
grüßen mich‹?«

»Stell bitte den Krug wieder dorthin zurück, wo er stand.«
Das war die Antwort des Meisters.

All diese Zen-*mondo* mögen sinnlos klingen, und der Leser
mag zu dem Schluß kommen, für jemanden, der »im Licht der
Ewigkeit« lebe, seien sie allesamt unerheblich, und in einem
Buch wie diesem sollten sie keinen Platz haben. Das wäre die
natürliche Kritik vom Blickpunkt eines durchschnittlichen Welt-
menschen aus. Hören wir statt dessen, was Eckhart, einer der
größten Mystiker der christlichen Welt, über das »Nun« sagt, das
nichts anderes als die Ewigkeit selbst ist:

… denn das Nun, darin Gott den ersten Menschen schuf, und
das Nun, darin der letzte Mensch vergehen wird, und das Nun,
darin ich spreche, die sind gleich in Gott und sind nichts als *ein*
Nun.[2]

Ich habe den ganzen Tag, an mein Zimmer gefesselt, gelesen
und fühle mich müde. Ich ziehe den Vorhang zurück und sehe ins
helle Tageslicht. Ich rücke den Stuhl auf der Veranda und blicke
zu den blauen Bergen hinüber. Ich tue einen tiefen Atemzug, fülle
meine Lungen mit Luft und fühle mich vollkommen erfrischt. Ich
mache Tee und trinke eine oder zwei Tassen davon. Wer wollte
sagen, ich lebe nicht im Licht der Ewigkeit? Freilich müssen wir
dabei bedenken, daß all dies Ereignisse unseres *inneren* Lebens
sind, insofern dieses an die Ewigkeit rührt oder den Sinn des
»Nun«, das Ewigkeit ist, erfaßt hat — und daß die Dinge oder
Ereignisse, die unser *äußeres* Leben bilden, hier nicht zur De-
batte stehen.

[1] Quint, S. 216.   [2] Quint, S. 162.

6

Ich zitiere noch einmal Eckhart:

Der Vater gebiert seinen Sohn in der Ewigkeit sich selbst gleich. »Das Wort war bei Gott, und Gott war das Wort«: Es war dasselbe in derselben Natur. Noch sage ich überdies: Er hat ihn geboren aus meiner Seele. Nicht allein ist sie bei ihm und er bei ihr als gleich, sondern er ist in ihr — und es gebiert der Vater seinen Sohn in der Seele in derselben Weise, wie er ihn in der Ewigkeit gebiert und nicht anders. Er muß es tun, es sei ihm lieb oder leid. Der Vater gebiert seinen Sohn ohne Unterlaß, und ich sage mehr noch: Er gebiert mich als seinen Sohn und als denselben Sohn. Ich sage noch mehr: Er gebiert mich nicht allein als seinen Sohn, er gebiert mich als sich und sich als mich und mich als sein Sein und als seine Natur. Im innersten Quell, da quelle ich aus im Heiligen Geiste. Da ist *ein* Leben und *ein* Sein und *ein* Werk. Alles was Gott wirkt, das ist Eins. Darum gebiert er mich als seinen Sohn ohne jeden Unterschied.[1]

Ist das nicht eine kühne Rede? Dennoch läßt sich ihre absolute Wahrheit nicht leugnen. Allerdings dürfen wir nicht vergessen, daß die Wahrheit von Eckharts Predigt nur dann gilt, wenn wir uns in das Licht der Ewigkeit stellen. Solange wir zeitliche Geschöpfe sind und uns selbst suchen statt Gottes Willen, solange werden wir Gott in uns nicht finden. Wenn hier Begriffe der christlichen Symbolik benutzt werden wie »Gott«, »Vater«, »Sohn«, »Heiliger Geist«, »erzeugen« und »Ebenbildlichkeit«, dann mag der Leser sich fragen, welchen Sinn ein Buddhist diesen Worten wohl unterlegt. Aber Symbole sind Symbole, und wenn ihre innere Bedeutung erfaßt ist, dann können sie auf jede beliebige Art gebraucht werden. Zuerst müssen wir ihren wahren Sinn erkennen und sie von allem historischen oder existentiellen Beiwerk befreien, danach werden wir, ob Christen oder Buddhisten, imstande sein, den Schleier, der sie umgibt, zu durchdringen. Vom biblischen Gott heißt es, er habe Moses auf dem Berg Sinai seinen Namen genannt in dem Wort: »Ich bin, der ich bin.« Das ist eine sehr tiefgründige Äußerung, denn all unsere religiösen oder spirituellen oder metaphysischen Erfahrungen gehen *davon*

[1] Quint, S. 185.

aus. Sie ist dasselbe wie Christi Ausspruch: »Ich bin«, was bedeuten soll, daß er die Ewigkeit selbst ist, indes Abraham »in der Zeit« war, er »war« und »ist« nicht. Die im Licht der Ewigkeit leben, »sind« immer, sie unterliegen dem Werden nicht, man kann von ihnen nicht sagen, daß sie »waren« oder »sein werden«. Ewigkeit ist absolute Gegenwart, und in der absoluten Gegenwart stehen heißt: ein *sono-mama*-Leben leben, worin das Leben selbst sich in all seiner Fülle behauptet.

ANHANG

I

SEELENWANDERUNG

Lehrt der Buddhismus die Seelenwanderung? Wenn ja, wie spielt sie sich ab? Wandert die Seele wirklich?

Oft werden solche Fragen gestellt. Ich will daher versuchen, sie hier kurz zu beantworten.

1

Die Idee der Seelenwanderung ist folgende: Nach dem Tod wandert die Seele aus einem Körper in einen anderen, einen himmlischen, menschlichen, tierischen oder pflanzlichen Körper.

Im Buddhismus, wie man ihn populär versteht, wird die Seelenwanderung durch sittliche Vergeltung geregelt. Diejenigen, die ein sittlich einwandfreies Leben geführt haben, gehen in den Himmel ein — oder in *die* Himmel, denn nach der buddhistischen Kosmologie gibt es viele Himmel. Andere können inmitten ihrer eigenen Art (als Menschen also) wiedergeboren werden. Jene aber, die von der vorgeschriebenen Etik abgewichen sind, werden nach dem Tod in die unteren Welten, Naraka genannt, verfügt.

Einige gibt es, denen es bestimmt ist, als Hund oder Katze oder Schwein oder Kuh oder sonst ein Tier wiedergeboren zu werden, ihren hervorstechenden Taten entsprechend, insoweit diese mit den Eigenschaften übereinstimmen, die man dem jeweils zutreffenden Tier zuzuschreiben pflegt. So wird das Schwein zum Beispiel gewöhnlich als triebhaft und schmutzig bezeichnet. Demgemäß werden diejenigen unter uns, die dazu neigen, so zu sein, in ihrem nächsten Leben Schweine sein. Andere, die eher flink, schlau und vielleicht auch recht boshaft sind, mögen als Ratten, Affen oder Füchse wiedergeboren werden. Das erinnert uns an Swedenborgs Übereinstimmungslehre, wonach die irdischen Dinge ihre Entsprechungen im Himmel oder in der Hölle haben.

Manchmal, heißt es, werden wir als Pflanzen oder gar als Felsen wiedergeboren.

Das Interessante an dieser Seelenwanderungs-Idee, wie wir sie von manchen Buddhisten hören, ist, daß wir im Himmel oder in der Hölle nicht ewig bleiben. Wenn unser Karma erschöpft ist, kommen wir aus der Hölle heraus oder vom Himmel herab. Selbst wenn wir zu Katzen oder Hunden geworden sind, wiederholen wir diese Daseinsart nicht für alle Zeiten. Wir können danach wiedergeboren werden als menschliche Wesen, wenn wir während unseres Tierlebens etwas Gutes getan haben, obgleich es höchst zweifelhaft ist, daß eine Katze zum Beispiel lernen sollte, nicht den Fisch des Nachbarn zu stehlen — was sie in Japan sehr häufig tut —, so gut man sie zu Hause auch ernähren mag.

Doch hat niemand die Methode der mathematischen Berechnung des Karma so weit vervollkommnet, daß man in der Lage wäre, die Kraft einer jeden Tat genau zu kalkulieren. Infolgedessen können wir niemals sagen, wie lange unser Leben im Himmel oder in der Hölle dauern wird. Auf jeden Fall wissen wir: irgendwann müssen wir den Himmel oder die Hölle verlassen. Buddhisten sind — was natürlich ist — mehr mit Naraka (den Höllen) als mit den Himmeln beschäftigt. Nach dem Tod gehen wir gewöhnlich zu Yama, der die Geister der Toten regiert. Er ist im Japanischen als Emma-sama bekannt. Vor sich hat er einen klaren, leuchtenden Spiegel. Wenn wir vor ihm erscheinen, sehen wir uns darin gespiegelt. Der Spiegel durchleuchtet unser ganzes Wesen, nichts können wir vor ihm verbergen. Gut und Böse, alles gibt er wieder, wie es ist. Emma - Sama schaut hinein und weiß sofort, was für ein Mensch jeder von uns war, während wir in der Welt lebten. Überdies hat er ein Buch vor sich, worin alles, was wir taten, Minute für Minute eingetragen ist. Wir sind vor dem Herrn des Todes daher genau das, was wir waren, und es besteht keine Möglichkeit, ihn zu täuschen. Sein Urteil trifft den Kern unserer Persönlichkeit. Es irrt nie. Sein durchdringendes Auge durchschaut nicht nur unser Bewußtsein, sondern auch unser Unbewußtes. Er ist selbstverständlich gerecht, aber er ist auch nicht ohne Güte, denn er ist immer bereit, im Unbewußten des Schuldigen etwas zu entdecken, das diesem helfen mag, sich zu retten.

2

Die Idee der Seelenwanderung übt, wenn man keinen allzu kritischen oder wissenschaftlichen Maßstab anlegt, einen gewissen Reiz auf die Einbildungskraft aus — die Idee nämlich, daß jedes Handlungsmotiv, ob es dem Bewußtsein oder dem Unbewußten entspringt, seinen ethischen Wert hat und dementsprechend strafbar oder belohnenswert ist, und daß der Herr des Todes, den die Unterwelt regiert, keinen Fehler macht, wenn er uns die Plätze zuweist, an die wir gehören. Sein Gerichts-Spiegel und sein Register irren in dieser Hinsicht niemals. Das sind Vorstellungen, die unserem Gefühl für Gerechtigkeit und Ausgleich entsprechen. Statt daß alle Sünder am Tag des Gerichts summarisch dem ewigen Feuer überantwortet werden, wird jede einzelne Sünde gerecht gewogen und mit ihrer spezifischen Schuld belastet: — das ist mit dem gesunden Sinn für Gerechtigkeit zweifellos eher in Einklang zu bringen. Im Lehr-System der Seelenwanderung nimmt dieser Zusammenhang von Wert-Urteil und Gericht eine poetische Färbung an.

Angenommen, ich tat etwas Falsches oder etwas nicht durch und durch Schlechtes und würde wiedergeboren als Katze. Ich würde in dieser Tiergestalt eine Zeitlang leben, acht oder zehn Jahre vielleicht, denn die Katze lebt nicht sehr lange. Meine Sünde wäre gebüßt, denn vermutlich betrüge ich mich vom menschlichen Gesichtspunkt aus richtig als Katze. Zur Belohnung würde ich wiedergeboren als Mensch. Wenn ich mich nun an die Erfahrung dieses Katzenlebens erinnerte — wäre es da für mich als einstige Katze nicht interessant, all das zu beobachten, was jetzt die Mutterkatze in meinem Haus tut, wie sie mit ihren Kleinen spielt, manchmal eine Eidechse herbeibringt oder auch eine kleine Schlange aus dem Hof zum Spiel für ihre Kätzchen? Wenn aber nun nicht nur die Katze, sondern auch alle anderen Tiere und ebenso Pflanzen und Felsen unter diesem Gesichtspunkt angesehen würden, das heißt: als mögliche Formen unserer Vor- oder Wiedergeburt, würde da unser Interesse an all den existierenden Dingen um uns nicht von ganz anderer Art sein und vielleicht zur Quelle geistiger Inspiration werden?

Auf jeden Fall würden die Formen und Gestalten um uns aufhören, ganz und gar fremde Dinge für uns zu sein. Sie wären keine Fremden, sie wären nichts Feindliches. Sie hätten im Gegenteil teil an unserer Natur. Wir wären darauf eingestellt, uns in ihre Daseinsform zu verwandeln, und sie selbst könnten umgekehrt eines Tages menschliche Gestalt annehmen. Es bestünde eine wechselseitige Beziehung zwischen ihnen und uns. Zwischen dem Menschen und der übrigen Welt knüpfte sich ein Band der Sympathie und gegenseitigen Verstehens.

Von diesen Überlegungen abgesehen, bietet uns die Seelenwanderungslehre die Möglichkeit, das ganze Universum zu durchpilgern, von den »dreiunddreißig Himmeln« bis zu den »neunzehn Höllen« einschließlich der anderen Bereiche, jener der Tierwelt *(tiryagyona)*, der Welt der hungrigen Geister *(preta)* und der Welt der kämpfenden Teufel *(asura)*. Während es wahrhaftig kein Vergnügen ist, ewig zu kämpfen, auf jede mögliche Weise gefoltert zu werden oder ewig hungrig zu sein, gehört es zur menschlichen Natur, die Wechselfälle des Daseins zu erfahren und dadurch zu lernen, sich den Sinn des Lebens zu deuten.

Niemand ist gern in der Hölle und läßt sich quälen. Aber auf Grund dieser Erfahrung wissen wir die himmlischen Freuden zu schätzen und lernen das Mitgefühl mit jenen Geschöpfen, die in weniger glücklichen Umständen sind.

3

Die Seelenwanderungslehre malt uns die Reise durch ungezählte Kalpas aus, die *individuelle* Erfahrung des Lebens in all seinen möglichen Spielarten. Die Evolutionstheorie dagegen schildert die menschliche Existenz *im ganzen* als etwas, das durch all diese Zustände hindurchgegangen ist. Das ist der Unterschied zwischen Wissenschaft und Religion: die Wissenschaft handelt von Abstraktionen, während die Religion individuell und persönlich ist. Deshalb hat die Evolutionstheorie von ethischen Folgerungen keine Kenntnis genommen. Sie behandelt das Thema vom Gesichtspunkt der Biologie und Psychologie aus. In der aufsteigenden Entwicklung des Menschengeschlechts haben die Wissenschaftler den ethischen und spirituellen Faktoren nicht viel Bedeutung zugemessen. Sie haben sich hauptsächlich dafür interessiert, wie der Mensch von seiner Intelligenz, mehr als von allem anderen, Gebrauch gemacht hat in dem sogenannten aufsteigenden Prozeß seiner Entwicklung.

Die Seelenwanderungslehre überblickt das menschliche Dasein allein vom Standpunkt der Ethik und Religion. Sie beschäftigt sich kaum mit der menschlichen Intelligenz. Und das ist der Punkt, von dem aus sie uns interessiert. Die Idee als solche mag nichts haben, was wissenschaftlicher Erforschung wert wäre. Trotzdem erweckt sie immer wieder die Aufmerksamkeit religiös denkender Menschen.

4

Theoretisch gesprochen, muß die Idee der Fleischwerdung (der »Inkarnation«) zuerst dagewesen sein, dann die der Wiederverkörperung (der »Reinkarnation«), schließlich die der Seelenwanderung. Irgend etwas nahm fleischliche Gestalt an, »wurde Fleisch«, Gott oder das Wort oder der Teufel oder der Urgrund oder sonst etwas, das sich in greif- und sichtbarer Gestalt äußern mußte, damit wir von ihm als von »etwas« sprechen können. Da wir Sinne haben und Intellekt, werden wir zu Individuen, der Prozeß der Inkarnation ist vollzogen. Aus der Inkarnation läßt sich die Reinkarnation leicht ableiten. Und wenn man die Reinkarnation moralisch unterbaut, so ergibt sich daraus die Seelenwanderungslehre, die sich dann mit dem Gedanken der Bestrafung und Belohnung verbindet.

Es gibt aber noch eine andere Folgerung aus der Seelenwanderungslehre, und das ist der Gedanke der sittlichen Vervollkommnungsfähigkeit der menschlichen Natur. Ehe Buddha Buddhaschaft erlangte, ging er durch viele Inkarnationen, und in jeder Reinkarnation, heißt es, hat er die sechs oder zehn Tugenden des *paramita* geübt, wodurch er in seiner letzten Inkarnation als Mensch ein vollkommener Mensch wurde, will sagen: Buddha. Solange wir daran glauben, daß wir die unbegrenzte Möglichkeit haben, uns sittlich zu vervollkommnen, müssen wir einen Weg finden, diesen Glauben zu unterbauen. Da wir aber unser individuelles Dasein als solches nicht unbegrenzt fortsetzen können, muß eine andere Lösung des Problems gefunden werden. Wir können sie die Konzeption des ewigen Fortgangs in der Seelenwanderungslehre nennen.

5

Neben dieser Auslegung des Seelenwanderungsgedankens, seinen moralischen Vergeltungs-Aspekten, gibt es auch einen erfreulichen Gesichtspunkt, wenn wir die Vorstellungen der Seelenwanderung mit dem vergleichen, was wir während unseres Lebens erfahren. Prüfen wir unsere täglichen Erfahrungen nämlich genau, dann stellen wir fest, daß wir in ihnen alles das haben, was wir auf dem Wege durch eine unendlich lange Periode der Seelenwanderung erfahren könnten. Jeder Schatten eines Gefühls hier auf der Erde findet sein Gegenstück irgendwo in den Himmeln oder den Höllen oder den dazwischenliegenden Reichen: in *preta*, *asura* oder *tiryagyona*. Sind wir zum Beispiel zornig, dann befinden wir uns im *asura*-Reich. Sind wir froh, dann fühlen wir uns in den Himmel der Freude erhoben, *nirmanarataya*. Sind wir ruhelos, so haben wir uns in ein äffisches Wesen verwandelt. Fühlen wir uns frei von Schuld, blühen wir wie der Lotus oder glühen wie die morgendliche Pracht eines frühen Sommertages und so weiter. Das ganze Universum spiegelt sich wider im Bewußtsein des Menschen. Das heißt, unser tägliches Leben ist ein Ausschnitt aus der unendlichen Kette des Seelenwanderungsprozesses.

6

Soweit ich es überblicken kann, scheint die Seelenwanderungslehre keinerlei wissenschaftliche Unterstützung zu finden. Die erste Frage, der wir begegnen, lautet: »Was ist das, was da von Inkarnation zu Inkarnation wandert?« Wir können antworten: »Die Seele.« »Und was ist die Seele?« Die Seele kann nicht wahrgenommen werden wie andere Objekte, die wir rings um uns sehen. Sie kann nichts Greif- oder Sichtbares sein. Wenn dem aber so ist, wie stellt sie es an, in einen Leib zu schlüpfen? Wie macht sie es, den einen Leib, der zerfällt, zu verlassen und überzuwechseln in einen anderen? Wo ist dieser »andere Leib«, der darauf wartet, daß die befreite Seele in ihn eingeht? Ein Leib ohne Seele ist uns unbegreiflich. Wir können uns im Leben keinen seelenlosen Leib vorstellen, der irgendwo darauf wartet, die eben frei gewordene Seele zu empfangen. Wenn die Seele sich erhalten kann, ohne sich zu verkörpern, wieso finden wir dann keine körperlosen Seelen, die irgendwo wandern? Kann eine Seele ohne Körper bestehen?

Wenn die Lehre von der Seelenwanderung aufrechtzuerhalten sein soll, dann müssen wir von etwas sprechen können, das wandert. Wenn es dieses Etwas gibt — was ist es? Wenn wir nicht behaupten können, es sei ein Ganzes, eine Einheit — was ist es dann? Können all die hier aufgezählten Fragen zufriedenstellend beantwortet werden? Es gibt noch andere Fragen, die beantwortet werden müssen, bevor wir die Zweifel an der Seelenwanderung beseitigen können.

7

Wir können uns die Seele statt als Ganzheit als Prinzip denken. Wir können uns nicht vorstellen, wie sie in einen bereits bestehenden Leib eingeht, der nur darauf wartete, sie zu empfangen, aber wir können uns vorstellen, daß sie sich den Leib schafft, in dem sie zu wohnen beabsichtigt. Wir können annehmen, daß die Funktion die Form determiniert — und nicht umgekehrt die Form oder Struktur die Funktion. In diesem Fall geht die Seele dem Leib voraus, und der Leib wird von ihr geformt. Und das ist genau die buddhistische Konzeption des Seelenwanderungsgedankens. Die buddhistische Philosophie sieht in *trisna* oder *tanha* oder »Durst« die erste Ursache dafür, daß Dinge existent werden, ins Dasein treten. Im Anfang ist *trisna*. Es hat den Drang, sich zu verkörpern, um sich in einer Gestalt auszudrücken, um sich zur Geltung zu bringen. Mit anderen Worten: Es bringt sich zur Geltung, indem es Gestalt annimmt. Da *trisna* unerschöpflich ist, sind die Formen, die es annimmt, unendlich mannigfaltig. *Trisna* drängt es, zu *sehen* und wir (als seine Verkörperung) haben Augen. Es will *hören*, und wir haben Ohren. Es will springen und verkörpert sich im Rehwild, im Kaninchen und anderen Tieren dieser Gattung. Es will fliegen, und es gibt Vögel aller Art. Es will schwimmen, und wo Wasser ist, gibt es Fische. Es will blühen, und es gibt Blumen. Es will scheinen, und es gibt Sterne. Es wünscht sich ein Reich von Himmelskörpern, und es formt sich das Feld der Astronomie —

und so weiter. *Trisna* ist der Schöpfer des Universums. Und als dieser Schöpfer ist es das Prinzip oder die Ursache der Individuation. Es schafft eine Welt von unendlicher Mannigfaltigkeit. Es wird sich niemals erschöpfen. Wir als sein reichster und höchster Ausdruck können Einblick haben in seine Natur und sein Wirken. Wenn wir genau in uns selbst blicken, dann enthüllt *trisna* sich in uns vor sich selbst. Da es selbst kein individualisiertes Objekt ist, ist Selbstbeobachtung der einzige Weg, sich ihm zu nähern und ihm seine Geheimnisse zu entlocken. Und wenn wir sie kennen, werden wir vielleicht auch begreifen, was Seelenwanderung wirklich bedeutet.

Wenn wir die Lilien auf dem Felde sehen und feststellen, daß sie herrlicher sind als Salomo in seiner Zeit, kommt das nicht daher, daß von unserem *trisna* etwas teilhat am *trisna* der Blume? Wir könnten ihre Herrlichkeit sonst niemals würdigen. Wenn unser Blick den Vögeln in der Luft folgt und wir daran denken, wie gänzlich frei sie sind von Sorge und Qual, kommt das nicht daher, daß der Puls unseres *trisna* in Einklang mit dem *trisna* der Vögel schlägt? Wäre dies nicht der Fall, wie könnten wir jemals zum Verständnis des Wesens dieser Geschöpfe gelangen? Selbst wenn man die Natur als feindlich ansieht, muß in ihr etwas sein, das dieses Gefühl in uns auslöst, das heißt: die Natur hat teil am menschlichen *trisna*. Man kann das Atom betrachten, als wäre es nichts weiter als eine Zusammenballung elektrisch geladener Partikel und habe mit dem menschlichen *trisna* nichts gemein. Aber antwortet es nicht auf Geräte, die menschlicher Geist und menschliche Hände erfunden und fertiggestellt haben? Und können wir uns nicht eben auf Grund dieser Antwort Einblick verschaffen in die Natur des Atoms und sogar eine für uns menschliche Wesen höchst gefährliche Waffe ersinnen? Zweifellos hat auch das Atom sein *trisna*, das den Menschen befähigt, es in einer mathematischen Formel auszudrücken.

8

Als ich vor einiger Zeit dieses Thema diskutierte, bemerkte einer der großen amerikanischen Denker von heute: »Bedeutet das, daß in unserem Bewußtsein all diese *trisna* als seine wesentlichen Bestandteile vorhanden sind?« Das ist vielleicht die Art und Weise, in der die meisten meiner Leser meine *trisna*-Darstellung gern interpretieren möchten, indem ich es zur Basis gegenseitigen Verstehens zwischen uns und der Natur allgemein machte. Aber ich muß sagen: So stelle ich mir *trisna* nicht vor. *Trisna* liegt nicht in uns als einer der Faktoren, die unser Bewußtsein bilden, es ist vielmehr unser Sein selbst. Es ist Ich, es ist Du, es ist die Katze, es ist der Baum, es ist der Felsen, es ist der Schnee, es ist das Atom.

9

Mancher mag *trisna* mit Schopenhauers Willen zum Leben vergleichen, aber meine Vorstellung von *trisna* reicht tiefer als dieser Wille. Denn der Wille, wie Schopenhauer ihn sieht, ist bereits spezialisiert als Wille, der zum Leben strebt und sich gegen den Tod richtet, gegen Zerstörung. Dieser Wille ist dualistisch. *Trisna* dagegen ist noch ungeschieden, wie es immer war, wie der Geist Gottes, da Gott noch nicht aufbrach zu seinem Schöpfungswerk. Die Ursache dieser Aufbruchsbewegung ist *trisna. Trisna* ist es, das bewegt. *Trisna* veranlaßte Gott zu seinem Machtspruch: »Es werde Licht.« *Trisna* ist das, was hinter Schopenhauers »Wille« steht. *Trisna* ist ein fundamentalerer Begriff als dieser »Wille«.

Für Schopenhauer ist der »Wille« blind. Doch *trisna* ist weder blind noch nicht blind, weder das eine noch das andere kann man von *trisna* sagen. *Trisna* ist noch kein »Was« oder »Wie«. Man kann es den »reinen Willen« nennen. Im frühen Buddhismus bildet *trisna* eines der Glieder in der Kette des »abhängigen Ursprungs«, und es wird von uns verlangt, wir sollten uns davon frei machen, um erlöst zu werden von Gram und Furcht. Aber die frühen Buddhisten waren noch nicht logisch genug, die Idee von *trisna* auf ihren eigentlichen Sinn zurückzuführen. Ihr Bemühen, sich von dessen sogenannter Verführung zu Kummer, Furcht und so weiter zu befreien, war das Wirken von *trisna* selbst. Solange wir menschliche Wesen sind, können wir uns von *trisna* nicht lösen oder es, wie sie sagten, vernichten. Die Vernichtung von *trisna* wäre die Vernichtung von uns selbst, und niemand bliebe zurück, der davon etwas hätte. *Trisna* ist die Grundlage aller Existenz. Es ist die Existenz selbst. Ja, es ist *vor* aller Existenz.

Die späteren Buddhisten wurden sich dieser Wahrheit bewußt und machten *trisna* zur Grundlage ihres neuen Lehr-Systems mit seinen Doktrinen vom Bodhisattva, vom allumfassenden Heil, von Amitabhas »Gelübde« *(pranidhana)*, von *parinamana* (der »Übertragung von Verdienst«) und so weiter. Sie alle sind Auswirkungen von *trisna*.

Als ein Zen-Meister gefragt wurde: »Wie könnte man *trisna* ausrotten?« — da antwortete er: »Wozu sollte das gut sein?« Und er sagte weiter: »Buddha ist Buddha durch *trisna*.« Oder: »Buddha ist *trisna*.« Und wahrhaftig, das ganze Leben Sakyamunis beweist das. Indem ich zurückkomme auf das Seelenwanderungsproblem der *trisna*-Lehre, möchte ich noch einmal erklären, daß dieses *trisna* wesentlich dasselbe ist in jeder Form und Gestalt, die es annimmt. (Wir können es uns gar nicht anders denken.) Das menschliche *trisna*, das wir in uns fühlen, muß das *trisna* der Katze, des Hundes, der Krähe oder der Schlange sein. Wenn eine Katze hinter einer Ratte herläuft, wenn eine Schlange einen Frosch verschlingt, wenn ein Hund aufspringt und wütend ein Eichhörnchen im Baum ankläfft, wenn ein Schwein mit dem Rüssel im Schlamm wühlt, wenn der Fisch friedlich im Teich herumschwimmt, wenn die Wellen auf stürmischem Meer zornig rasen — fühlen wir dann nicht unser eigenes *trisna* etwas von seinen zahllosen Möglichkeiten ausdrücken? Die Sterne scheinen hell, schweigend funkeln sie in einer klaren Herbstnacht. Der Lotos blüht an frühen Sommermorgen, noch ehe die Sonne aufgeht. Wenn der Frühling kommt, wetteifern all die in einem langen Winterschlaf erstarrten Bäume, erwachend, miteinander, ihre frischen grünen Blätter hervorzutreiben. Sehen wir in all dem nicht auch etwas von unserem menschlichen *trisna* sich ausdrücken?

Ich weiß nicht, ob die letzte Wirklichkeit eine einzige ist — oder ob es zwei gibt oder drei oder viel mehr, aber ich fühle, daß *ein trisna*, unendlich mannigfaltig und unendlicher Variationen fähig, sich in dieser unserer Welt ausdrückt. Und da *trisna* der Ursprung dieser Mannigfaltigkeit ist, bestimmt es Form und Struktur. Das ist, was unser Bewußtsein zu fassen vermag, darüber kommen wir nicht hinaus.

Betrachtet man den Gedanken der Seelenwanderung von hier aus — ist es dann nicht interessant sich klarzumachen, daß wir diese Seelenwanderung (statt ihrem Gesetz nach dem Tode zu folgen und darauf zu warten, daß viele Kalpas verfließen) in jedem Augenblick unseres Lebens praktizieren? Ich weiß nicht, ob die Seelenwanderung auf wissenschaftlicher Ebene bewiesen und aufrechterhalten werden kann, aber ich weiß, daß sie eine inspirierende Theorie voll poetischer Anregungen ist, und ich bin zufrieden mit dieser Deutung und habe kein Verlangen, darüber hinauszugehen. Für mich hat die Idee der Seelenwanderung einen persönlichen Reiz. Was ihre wissenschaftlichen und philosophischen Folgerungen angeht, so überlasse ich diese dem Studium des Lesers.

10

Es kann wohl nicht schaden, an dieser Stelle noch etwas mehr über den Unterschied in der Haltung der früheren und der späteren Buddhisten gegenüber der Seelenwanderungslehre und *trisna* zu sagen. Wie wir bereits gesehen haben, behandeln die früheren Buddhisten das Thema stets negativ, die Betonung liegt bei ihnen auf dem Aspekt der Befreiung. Die späteren Buddhisten dagegen haben diesen Standpunkt verlassen und bestehen streng darauf, daß *trisna* etwas Fundamentales, Ursprüngliches ist und für das allgemeine Wohl nicht nur der Menschheit, sondern auch aller anderen Geschöpfe der Welt notwendig. Sie würden erklären, daß *trisna* dann falsch wirkt, wenn es sich den falschen Verbündeten wählt, das heißt, wenn es sich mit dem relativen oder psychologischen Selbst einläßt und auf dieses als letzte Wirklichkeit und beherrschendes Prinzip des Lebens baut. Dann verwandelt *trisna* sich nämlich in den zügellosesten und unersättlichsten Statthalter der Macht. Was die früheren Buddhisten besiegen oder überwinden wollten, das war *diese* Art *trisna*, diese zum Sklaven egoistischer Impulse gewordene Abart seiner eigentlichen Natur. Das heißt, sie wollten *trisna* gar nicht wirklich besiegen, sie wollten nur diesem Zustand der Sklaverei entrinnen. Das machte sie zu Negativisten und Eskapisten.

Die späteren Buddhisten begriffen, daß *trisna* identisch war mit der menschlichen Natur, ja mit allem und jedem, das überhaupt zum Dasein gelangt, und daß *trisna* verleugnen hieße, Selbstmord zu begehen. *Trisna* zu fliehen, war für sie jetzt der Gipfel des

Widersprüchlichen, eine Tat von absoluter Unmöglichkeit. Und sie erkannten, daß eben das, was uns den Wunsch eingibt, *trisna* zu verneinen oder vor ihm zu fliehen — daß dies *trisna* selbst ist. Daher war alles, was wir für uns tun konnten oder vielmehr alles, was *trisna* für sich tun konnte: zu veranlassen, daß *trisna* sich selbst zuwandte, daß es sich von all seinen Behinderungen, von all seinen Befleckungen reinigte durch transzendentes Wissen (*prajna*). Die späteren Buddhisten lassen infolgedessen *trisna* rein durch sich selbst und ohne Einmischung anderer hinderlicher Kräfte wirken. *Trisna* oder »Durst« oder »Begierde« wird daraufhin zu *mahakaruna* oder »allumfassendem Erbarmen«, was sie als die Essenz der Buddha- und Bodhisattvaschaft ansehen. Dieses von all seinen Behinderungen befreite *trisna* verkörpert sich in jeder möglichen Form und Gestalt mit dem Ziel, eine allumfassende Heiligung oder Erlösung aller Wesen zu erreichen, der fühlenden und nichtfühlenden. Wenn Buddha daher erklärt, daß er »alles überwunden, alles besiegt« habe und »allwissend« sei, dann meint er damit, daß er *trisna* in seiner Reinheit hat. Denn wenn *trisna* »zu sich selbst kommt«, dann ist es der »All-Überwinder«, der »Alles-Kenner« und auch das All-Liebende. Diese Liebe, dieses *karuna* oder *maitri* ist es, was den Buddha oder Bodhisattva veranlaßt, seinen Eintritt in den Zustand ewiger Leere (*sunyata*) aufzugeben und sich der Wanderung durch die drei Welten zu unterwerfen. In diesem Falle spricht man freilich besser von Inkarnation als von Seelenwanderung. Denn alle Gestalten, die er annimmt, wählt er selbst, das heißt: willentlich, bewußt, um einer allumfassenden Erlösung willen. Er ist dann nicht der passive Erdulder karmischer Kausalität. Er ist der »Zelt-(Haus-)Erbauer« (*gahakaraka*) selbst.

II

KREUZIGUNG UND ERLEUCHTUNG

1

Immer wenn ich ein Bild des gekreuzigten Christus sehe, muß ich an die tiefe Kluft denken, die zwischen Christentum und Buddhismus liegt. Die Kluft ist symbolisch für den psychologischen Unterschied zwischen Ost und West.

Das persönliche Ich wird im Westen stark betont. Im Osten gibt es kein Ich. Das Ich ist nicht-existent, und daher gibt es kein Ich, das man kreuzigen könnte.

Wir können zwei Stadien der Ich-Idee unterscheiden. Das erste Stadium betrifft das relative, psychologische, empirische Ich. Das zweite meint das transzendente Ich.

Das empirische Ich ist begrenzt. Es hat kein Dasein aus sich selbst. Welche Aussage es auch macht, sie hat keinen absoluten Wert, sie ist abhängig von anderen. Dieses Ich ist relativ und psychologisch begründet. Es ist hypothetisch, es unterliegt allen möglichen Bedingungen. Es ist demzufolge nicht frei.

Woran liegt es nun, daß es sich frei fühlt, als wäre es wirklich so unabhängig und selbstherrlich? Woher kommt diese Täuschung?

Die Täuschung kommt aus dem transzendenten Ich, das — indem es durch das empirische Ich wirkt und in ihm verweilt — falsch gesehen wird.

Warum aber duldet das transzendente Ich es, daß man es für das relative Ich hält?

Die Wahrheit ist, daß das relative Ich, das dem *manovijnana* der Yogacara-Schule entspricht, in zwei verschiedenen Bezugssystemen steht, einem äußeren und einem inneren. Objektiv gesprochen, ist das empirische oder relative Ich eines von vielen anderen solcher Ichs. Es befindet sich in der Welt der Vielheit. Sein Kontakt mit anderen ist wechselhaft, Unterbrechungen unterworfen, mittelbar und schweifend. Innen berührt es sich mit dem transzendenten Ich — und dieser Kontakt oder Bezug ist konstant, unmittelbar und total. Freilich ist der innere Bezug nicht so deutlich erkennbar wie der äußere, was jedoch nicht heißt, daß seine Kenntnis ohne jede Bedeutung und praktischen Wert für unser tägliches Leben sei und daher vernachlässigt werden könnte. Im Gegenteil, die Kenntnis des hinter dem relativen Ich stehenden transzendenten Ichs wirft Licht auf den Ursprung des Bewußtseins. Sie bringt uns in unmittelbaren Kontakt mit dem Unbewußten.

Es dürfte einleuchten, daß diese innere Kenntnis nichts mit dem gewöhnlichen Wissen zu tun hat, das wir im allgemeinen von irgendwelchen äußeren Dingen haben. Der Unterschied zeigt sich auf zweierlei Weise. Der Gegenstand gewöhnlichen Wissens wird als Zeit und Raum verhaftet angenommen und unterliegt allen möglichen wissenschaftlichen Messungen. Das Objekt inneren Wissens ist kein individuelles Objekt. Das transzendente Ich kann nicht abgespalten werden, damit das relative Ich es betrachte. Es ist mit dem relativen Ich so unmittelbar und unlösbar verbunden, daß es aufhörte, es selbst zu sein, wenn man es vom relativen Ich trennte. Das transzendente Ich ist das relative Ich und umgekehrt. Und doch sind sie nicht eines, sondern zwei. Sie sind zwei und doch nicht zwei. Sie sind intellektuell, aber nicht in Wirklichkeit trennbar. Wir können nicht das eine zum Sehenden und das andere zum Gesehenen machen, denn das Sehende ist das Gesehene und umgekehrt.

Wenn diese einzigartige Beziehung zwischen dem transzendenten und dem relativen Ich nicht entsprechend begriffen oder intuitiv erfaßt wird, entsteht eine Täuschung. Das relative Ich glaubt sich frei, autonom und versucht danach zu handeln.

Das relative Ich als solches existiert nicht unabhängig vom transzendenten Ich. Das relative Ich ist nichts. Aber wenn es sich über seine wahre Natur täuscht, maßt es sich die Rolle des transzendenten Ichs an.

Es ist richtig: das transzendente Ich braucht das relative Ich, um sich selbst Gestalt zu geben, durch die das transzendente Ich wirkt. Aber das transzendente Ich darf nicht so weit mit dem relativen Ich identifiziert werden, daß das Verschwinden des relativen Ichs gleichbedeutend wäre mit dem Verschwinden des transzendenten Ichs. Das transzendente Ich ist das schöpferische Agens, das relative Ich ist das von ihm Geschaffene. Das relative Ich ist nichts, das vor dem transzendenten Ich rangierte und in Opposition zu ihm stünde. Das relative Ich geht aus dem transzendenten Ich hervor und steht in völliger abhängiger Beziehung zu diesem.

Ohne das transzendente Ich ist das relative Ich ein Nichts. Das transzendente Ich ist nach alledem die Mutter aller Dinge. Der östliche Geist bezieht alle Dinge auf das transzendente Ich, wenn auch nicht immer bewußt, er sieht sie letztendlich in ihm begründet, wohingegen der westliche Geist sich an das relative Ich hält und von ihm ausgeht.

Statt das relative Ich in Beziehung zu setzen zum transzendenten Ich und das letztere zu seinem Ausgangspunkt zu machen, klammert sich der westliche Geist beharrlich an das erstere. Da das relative Ich aber seiner Natur nach verletzlich ist, findet man es stets unbefriedigend und eitel und mit Unheil verkettet. Und da der westliche Geist an die Realität dieses Unheilstifters glaubt, wünscht er kurzen Prozeß mit ihm zu machen. Daß man ihn im Leib Christi gekreuzigt hat, ist wiederum etwas Charakteristisches für den Westen.

In bestimmter Hinsicht ist der östliche Geist nicht auf die Leiblichkeit der Dinge gerichtet. Das relative Ich geht still und ohne viel Aufhebens im Leib des transzendenten Ichs auf. Aus diesem Grunde sehen wir den Buddha im Nirvana heiter unter dem Sala-Zwillingsbaum liegen, betrauert nicht nur von seinen Jüngern, sondern von allen Geschöpfen, menschlichen und nicht-menschlichen, fühlenden und nicht-fühlenden. Da es von Anfang an keine Ich-Substanz gibt, bedarf es keiner Kreuzigung.

Im Christentum wird die Kreuzigung gebraucht, Leiblichkeit verlangt einen gewaltsamen Tod, und sobald der vollzogen ist, muß in dieser oder jener Form Auferstehung folgen, denn Kreuzigung und Auferstehung gehören zusammen. Wie Paulus sagt: »Ist aber Christus nicht auferstanden, so ist unsre Predigt vergeblich, so ist auch euer Glaube vergeblich..., so seid ihr noch in euren Sünden.«[1] Die Kreuzigung hat in der Tat einen doppelten Sinn: einen individualistischen und einen allgemein menschlichen Sinn. Einmal symbolisiert sie die Zerstörung des individuellen Ichs, zum anderen vertritt sie die Lehre vom stellvertretenden Opfer, nach der alle unsere Sünden gesühnt sind, indem Christus starb. In beiden Fällen muß der Tote wiedererweckt werden. Ohne die Wiederauferstehung hätte die Zerstörung keinerlei Sinn. In Adam sterben, in Christus leben wir. Das muß in dem oben angedeuteten doppelten Sinn verstanden werden.

[1] 1. Korinther 15, V. 14, 17.

Im Buddhismus wird nur die Erleuchtung gebraucht, keine Kreuzigung, keine Auferstehung. Wohl ist Auferstehung etwas Dramatisches und Menschliches, aber es ist auch das Odium des Leibes darin. In der Erleuchtung finden wir Glückseligkeit und echte Transzendenz. Die irdischen Dinge erfahren ihre Erneuerung, eine Verwandlung, die sie wieder unverbraucht macht. Eine neue Sonne geht über dem Horizont auf, und das ganze Universum offenbart sich.

Durch diese Erleuchtungserfahrung erlangt jedes Wesen individuell und kollektiv Buddhaschaft. Es ist nicht nur ein einzelnes, historisch bestimmbares Wesen, das dabei zum Zustand der Erleuchtung erwacht, es ist der ganze Kosmos, jedes Staubteilchen in ihm, der teilhat an der Erleuchtung. Ich hebe meinen Finger, und die tausendmal dreitausend Welten leuchten auf, und ein *asamkheyya* von Buddhas und Bodhisattvas grüßt mich einschließlich aller menschlichen Wesen.

Ohne nachfolgende Auferstehung hat die Kreuzigung keinerlei Sinn. Doch wenn auch der Auferstandene zum Himmel aufsteigt, der irdische Makel haftet ihm an. Mit der Erleuchtung ist das anders. Augenblicklich verwandelt sie die Erde selbst in das »Reine Land«. Du mußt nicht zum Himmel aufsteigen und warten, damit dort die Verwandlung geschehe.

2

Die Symbolik des Christentums hat viel mit dem menschlichen Leiden zu tun. Die Kreuzigung ist in ihr der Gipfel des Leidens. Auch Buddhisten sprechen oft vom Leiden, aber für sie sitzt Buddha heiter lächelnd unter dem Bodhi-Baum am Fluß Niranjana. Christus trägt sein Leiden bis ans Ende seines irdischen Lebens, Buddha dagegen beendet es lebend und fährt danach fort, das Evangelium der Erleuchtung zu predigen, bis er unter dem Sala-Zwillingsbaum sacht verschied. Die Bäume stehen aufrecht, und der Buddha, im Nirvana, liegt waagerecht wie die Ewigkeit selbst.

Christus hängt hilflos, voller Traurigkeit, an dem senkrecht aufragenden Kreuz. Für das östliche Empfinden ist der Anblick fast unerträglich. Buddhisten sind an den Anblick des Jizo Bosatsu *(Kshitigarbha*-Bodhisattva) an den Straßen gewöhnt. Die Figur ist ein Sinnbild der Zärtlichkeit. Sie steht aufrecht, aber welch ein Kontrast zu dem christlichen Leidenssymbol!

Lassen Sie mich einen gleichsam geometrischen Vergleich anstellen zwischen einer Statue, die mit gekreuzten Beinen in Meditation sitzt, und einem Kruzifix. Zunächst einmal erweckt die Vertikale (des Kruzifixes) den Eindruck von Aktion, Bewegung und Drang nach oben. Die Horizontale — wie im Falle des liegenden Buddha — läßt uns an Frieden und Erfülltheit denken. Eine sitzende Figur vermittelt uns die Vorstellung von Zuverlässigkeit, fester Überzeugung und Unerschütterlichkeit. Der Körper sitzt mit Hüften und gekreuzten Beinen sicher auf dem Boden. Der Schwerpunkt liegt in den Lenden. Das ist die sicherste Stellung, die ein zweifüßiges Wesen im Leben einnehmen kann. Sie ist zugleich ein Sinnbild von Frieden, Ruhe und Selbstvertrauen. Aufrechte Haltung erweckt im allgemeinen den Eindruck eines kämpferischen Geistes, in Verteidigung oder Angriff. Sie gibt einem zudem das Gefühl der eigenen Bedeutung, ein Gefühl, das aus Individualität und Kraft geboren wird.

Als der Mensch anfing, auf seinen zwei Beinen zu stehen, unterschied er sich damit von allen übrigen auf vier Beinen laufenden Geschöpfen. Von nun an wird er unabhängiger von der Erde durch die frei gewordenen vorderen Extremitäten und durch das konsequente Wachstum seines Gehirns. Dieses Wachstum und diese zunehmende Unabhängigkeit verführen ihn unablässig zu dem Glauben, daß er nun Herr der Natur sein und sie vollständig unter seine Kontrolle bringen könne. Dies in Verbindung mit der alten biblischen Vorstellung, daß der Mensch ausersehen sei, sich die Erde untertan zu machen, hat dazu beigetragen, die menschliche Idee der universalen Herrschaft über ihre legitimen Grenzen hinauswachsen zu lassen. Das Ergebnis davon ist, daß wir soviel von unserem Sieg über die Natur reden, ohne dabei an unsere eigene Natur zu denken, die mehr Beherrschung und Kontrolle und vielleicht auch Demut verlangt als irgend etwas sonst. Das Sitzen mit gekreuzten Beinen und die Meditationshaltung andererseits geben dem Menschen nicht das Gefühl, von der Erde abgelöst zu sein, wenngleich er sich auch nicht unwiderruflich so an sie gebunden fühlt, daß er meint, sie weiter zu »schmecken« und in ihr zu wühlen. Gewiß, er wird von der Erde getragen und erhalten, aber er sitzt auf ihr wie das sie krönende Sinnbild der

Transzendenz. Er ist weder an den Boden gefesselt noch von ihm abgelöst.

Wir reden heutzutage soviel von diesem Losgelöstsein, als wäre das Gegenteil, das der Erde Verhaftetsein, etwas so Verhängnisvolles und Verhaßtes, daß wir auf jede Weise versuchen müßten, ihm zu entgehen. Aber ich kann nicht begreifen, weshalb wir uns von Dingen entfernen sollen, die liebenswert und für unser soziales und individuelles Wohlergehen wahrhaft förderlich sind. Kanzan und Jittoku genossen ihre Freiheit und ihr Wohlergehen auf eigene Weise. Sakyamuni brauchte seine neunundsiebzig Jahre damit hin, daß er von Ort zu Ort zog und allen möglichen Leuten, auf vielfältige Weise, unter sozialen, intellektuellen und wirtschaftlichen Aspekten ein Evangelium der Erleuchtung predigte, bis er schließlich am Fluß Niranjana gelassen verschied. Sokrates wurde geboren und starb in Athen und gebrauchte seine Kraft und Weisheit, indem er seinen Beruf als »Hebamme des menschlichen Denkens« ausübte, die Philosophie vom Himmel auf die Erde herabholte und schließlich — von seinen Schülern umgeben — gelassen den Schierlingsbecher nahm und sein Leben von siebzig Jahren endete.

Was sollen wir über diese Leben sagen, wenn jeder von denen, die sie lebten, sich des seinen nach Herzenslust erfreute? Waren es Leben des Verhaftetseins oder des Losgelöstseins von der Erde? Ich würde sagen — soweit ich es verstehe —, daß jeder von ihnen sein Leben der Freiheit lebte, unbehindert durch irgendwelche darüber hinausgehenden Interessen. Wäre es deswegen nicht besser, statt das Leben dieser Männer mit Worten wie Verhaftet- oder Losgelöstsein kennzeichnen zu wollen, wir nennten es ein Leben absoluter Freiheit? Es war die Erleuchtung, die ihrem Leben Frieden und Freiheit brachte. Und es ist die Erleuchtung, die auch uns Frieden und Freiheit bringt.

3

Als Buddha seine höchste Erleuchtung erlangte, befand er sich in sitzender Haltung. Er war weder an die Erde gefesselt noch von ihr gelöst. Er war eins mit ihr, wuchs aus ihr hervor und war ihr doch nicht untertan. Als Neugeborener, frei von allen *sankharas*, erklärte er, aufrecht stehend, die eine Hand zum Himmel empor-, die andere zur Erde hinabweisend: »Über mir Himmel, unter mir Himmel, ich allein bin der Gepriesene!«

Der Buddhismus hat drei Hauptsymbole, die 1. Geburt, 2. Erleuchtung und 3. das Nirvana versinnbildlichen. Das sind die drei Grundstellungen, die der Mensch einnehmen kann: Stehen, Sitzen und Liegen. Daraus ersehen wir, daß der Buddhismus tief mit dem menschlichen Leben in seinen verschiedenen Formen friedlicher Tätigkeit verbunden ist — daß er dagegen nichts mit irgendwelcher Art kriegerischer Aktivität zu tun hat.

Andererseits bietet das Christentum einige Dinge, die schwer zu begreifen sind, namentlich das Symbol der Kreuzigung. Der gekreuzigte Christus ist ein schrecklicher Anblick, und ich kann nicht anders, in meiner Vorstellung verbindet er sich mit dem sadistischen Impuls einer seelisch überreizten Phantasie.

Christen werden sagen, die Kreuzigung stelle eben das Kreuzigen unseres Selbst oder des Fleisches dar, weil ohne Unterwerfung des Selbst von uns keine sittliche Vollkommenheit erreicht werde.

Hierin unterscheidet sich der Buddhismus vom Christentum. Der Buddhismus erklärt, daß es von Anbeginn kein Selbst gibt, das zu kreuzigen wäre. Anzunehmen, daß es ein Selbst gäbe, ist für ihn der Ausgangspunkt aller Irrtümer und Übel. Nichtwissen ist die Wurzel alles Falschen.

Da es kein Selbst gibt, bedarf es der Kreuzigung nicht, muß keine sadistische Tötung des Fleisches erfolgen, kann uns der schreckliche Anblick des Gekreuzigten am Wege erspart werden.

Dem Buddhismus entsprechend ist die Welt ein Netzwerk karmischer Beziehungen, und dahinter gibt es keine wirkende Kraft, die es für ihr williges Instrument hielte. Um Einsicht in die wahre Wirklichkeit der Dinge zu gewinnen, muß man zunächst den Nebel der Unwissenheit zerstreuen. Um das tun zu können, muß man sich darin schulen, klar und mit durchdringendem Blick die Soheit der Dinge zu erkennen. Das Christentum neigt dazu, die Leiblichkeit unseres Daseins besonders zu betonen. Daher die Kreuzigung und daher auch die Symbolik des Abendmahls, das Essen des Fleisches und das Trinken des Blutes. Nicht-Christen ist der Gedanke des Blut-Trinkens widerwärtig.

Christen werden sagen, darin zeige sich die Idee des Einsseins mit Christus. Aber Nicht-Christen würden antworten: Könnte diese Idee des Einsseins nicht anders bewußt gemacht werden, will sagen: friedvoller, weniger irrational, menschlicher und menschenfreundlicher, weniger militant und gewaltsam?

Wenn wir uns das Nirvana-Bild ansehen, haben wir einen ganz anderen Eindruck. Welch ein Gegensatz zwischen der Vorstellung des gekreuzigten Christus und dem Bild Buddhas, wie er auf einem Bett liegt, von Jüngern und anderen Wesen, menschlichen und nicht-menschlichen umgeben! Ist es nicht interessant und erhellend zu sehen, wie alle möglichen Tiere zusammenströmen, um den Tod Buddhas zu betrauern?

Daß Christus aufrecht am Kreuz starb, während Buddha liegend verschied — symbolisiert das nicht den fundamentalen Unterschied in mehr als einer Hinsicht zwischen Buddhismus und Christentum? »Aufrecht« bedeutet Aktion, Streitbarkeit, Ausschließlichkeit, indes »waagrecht« Frieden, Duldsamkeit und Weitherzigkeit meint. In seiner Aktivität hat das Christentum etwas, das aufreizt, erregt und beunruhigt. In seiner Streitbarkeit und Ausschließlichkeit neigt es dazu, eine selbstherrliche und manchmal herrische Gewalt über andere auszuüben — trotz des erklärten Zieles der Christenheit: von Demokratie und allgemeiner Verbrüderung.

In dieser Hinsicht erweist der Buddhismus sich als das gerade Gegenteil des Christentums. Die horizontale Lage des Nirvana-Buddha mag manchmal den Eindruck von Indolenz, Indifferenz und Tatenlosigkeit erwecken, obwohl der Buddhismus in Wirklichkeit die Religion der Tapferkeit und einer unendlichen Geduld ist — eine Religion des Friedens, der Heiterkeit, des Gleichmuts und des Gleichgewichts. Er weigert sich, streitbar und exklusiv, ausschließlich sein zu wollen. Er tritt im Gegenteil ein für Weitherzigkeit, allumfassende Toleranz und Sichfernhalten von weltlichen Streitigkeiten. Aufrecht stehen bedeutet, daß man sich bereit hält zur Tat, zum Kampf, zur Überwältigung des anderen. Es setzt auch den Gegner, den Widersacher voraus, der bereit ist, einen selbst niederzuschlagen, wenn man ihn nicht zuerst niederschlägt. In dieser Bereitschaft liegt »das Selbst«, das das Christentum kreuzigen will. Und da dieser Feind, das Selbst, einen immerzu bedroht, muß man streitbar sein. Erkennt man aber klar, daß dieser tödliche Feind, der uns unablässig im Alarmzustand hält, nicht existiert, begreift man, daß er nichts ist als ein böser Traum, eine bloße Täuschung, dann wird man zum erstenmal im Frieden mit sich selbst sein und auch mit der Welt im ganzen, dann kann man es sich erlauben, sich niederzulegen und sich mit allen Dingen zu identifizieren.

Nachdem all dies gesagt worden ist, müssen wir etwas unternehmen, um die widerstreitenden Vorstellungen einander näherzubringen, müssen wir versuchen, sie zu versöhnen. Ich schlage dies vor: Wenn etwas immer in der Horizontale bleibt, ist Tod die Folge. Wenn die Vertikale sich auf sich versteift, bricht sie zusammen. In Wirklichkeit ist die Horizontale nur Horizontale, wenn man sich vorstellt, daß sie die Neigung enthält, sich zu erheben und etwas anderes zu werden, eine Linie mit dem Drang zur Dreidimensionalität. Ebenso verhält es sich mit der Vertikalen. Solange sie unbeweglich in ihrer senkrechten Haltung verharrt, hört sie auf, sie selbst zu sein. Sie muß biegsam werden, muß Elastizität erwerben, muß sich selbst mit Beweglichkeit im Gleichgewicht halten.

(Das Kreuz [das griechische] und die Swastika sind nahe verwandt, vielleicht stammen sie aus der gleichen Wurzel. Die Swastika ist jedoch dynamisch, wohingegen das Kreuz eine statische Symmetrie symbolisiert. Das lateinische Kreuz ist höchstwahrscheinlich die Weiterentwicklung eines Zeichens anderer Art.)

ZWEITER TEIL

I

KONO-MAMA (»ICH BIN, DER ICH BIN«)

1

> *Gott sprach zu Mose: Ich bin, der ich bin.*
> *Und sprach: Also sollst du zu den Kin-*
> *dern Israel sagen: ICH BIN hat mich zu*
> *euch gesandt.*
>
> 2. Mose 3, 14

Das religiöse Bewußtsein in uns ist erwacht, wenn wir unser menschliches Leben durchwirkt sehen von einem Netz heftiger Widersprüche. Kommt dieses Bewußtsein zu sich selbst, dann haben wir das Gefühl, mit unserem ganzen Wesen am Rande eines völligen Zusammenbruchs zu stehen. Das Gefühl der Sicherheit können wir nicht eher wiedererlangen, als bis sich uns ein Halt, eine Stütze bietet in etwas, das die Widersprüche auflöst.

Welche Widersprüche wir auch erfahren mögen, sie beunruhigen uns nicht weiter — es sei denn, wir wären Philosophen, und man kann nicht von jedem unter uns annehmen, daß er auf diese oder jene Weise ein Denker ist. Doch stellen sich die Widersprüche zumeist im Bereich des Willens ein und behaupten sich dort. Greift man uns aber von dieser Seite aus an, so spüren wir den Zweifel am stärksten, wie einen eindringenden Pfeil. Wenn der Wille zur Macht sich in der einen oder anderen Form ständig bedroht sieht, kann man nicht umhin, sich seine Gedanken über das Leben zu machen. Die Frage: »Was ist der Sinn des Lebens?« fordert dann keine abstrakte Lösung, sondern überkommt einen als ganz konkreter persönlicher Appell. Die Lösung muß sich auf dem Wege über die Erfahrung einstellen. Wir lassen dann alle die Widersprüche hinter uns, in die uns das Denken gestellt hat, denn wir müssen auf praktische Weise mit dem Leben in Einklang kommen.

Das japanische Wort *kono-mama* ist für diesen Zustand geistiger Übereinstimmung und Genügsamkeit das zutreffende Wort.

Kono-mama bezeichnet die Ist-heit von etwas. Gott *ist* — in *sei-ner* Art von Ist-heit, die Blumen blühen — in *ihrer* Art von Ist-heit, die Vögel fliegen — in *ihrer* Art von Ist-heit. All dies ist in seiner Ist-heit vollkommen. Die Christen schreiben allerdings all diese Arten von Ist-heit Gott zu und begnügen sich selbst damit, inmitten von Widersprüchen zu bleiben. John Donne hat gesagt: »Gott ist so allgegenwärtig, daß Gott ein Engel ist in einem Engel und ein Stein in einem Stein und ein Strohhalm in einem Stroh-halm.« Eckhart drückt dasselbe auf seine Art aus: »Nimmt man eine Fliege in Gott, so ist sie edler in Gott, als der höchste Engel in sich selbst ist. Nun sind alle Dinge in Gott gleich und sind Gott selbst.«[1]

2

Ein Zen-Dichter (Goso Hoyen, gestorben 1104) singt:

> Im Vordergrund kostbare Steine und Achate,
> im Hintergrund Achate und kostbare Steine.
> Nach Osten Kwannon und Seishi,
> nach Westen Monju und Fugen.
> In der Mitte die Flagge:
> Wenn eine Brise vorüberweht,
> flattert sie, »*hu-lu*«, »*hu-lu*«.

Kwannon und Seishi, Monju und Fugen sind die Haupt-Mahayana-Bodhisattvas Avalokitesvara, Mahasthamaprapta, Man-jusri und Samantabhadra. Das chinesische *hu-lu, hu-lu* — japanisch *fura-fura* — erinnert an eines von Saichis Spruchgedichten:

> Saichis Geist ist wie der Kürbis [auf dem Wasser],
> ständig treibt er,
> windgetrieben strömt und treibt er
> in Amidas Reines Land.

Der einzige Unterschied zwischen Shin und Zen, auf den wir hier hinweisen können, ist der, daß kein Zen-Meister sagen würde: »In Amidas Reines Land.« Ihm wäre es einerlei, ob der Kürbis in die Hölle oder ins Reine Land treibt. Doch ist dieser Gleichmut,

[1] Quint, S. 214.

diese »*fura-fura*-heit« kein Ausdruck von Gleichgültigkeit, von Indifferenz. Oberflächlich mag das so aussehen, aber eben nur oberflächlich. Die »*fura-fura*-heit« der Zen-Meister kommt in Wahrheit aus ihrer tiefen Erfahrung der Leere, einer Erfahrung, die zu einem durch und durch transzendentalen, wir könnten auch sagen »übernatürlichen« Leben gehört. Die meisten Menschen können zwischen einem moralischen Leben und einem Leben von innerer Transzendenz nicht unterscheiden, welch letzteres, das kann man wohl behaupten, sein eigenes Wesen hat und etwas ganz anderes ist als ein individualistisch geführtes Leben mit all seinem Utilitarismus und seiner Wertschätzung für die Welt der Zweckmäßigkeit.

Um all das in die christliche Terminologie zu übertragen, hier ein Wort Eckharts:

Bist du willens, das zu leiden, was Gott leidet und über ihn an dich kommt, so wird es natürlich gotthaft, Verachtung wie Ehre, Bitterkeit wie Süßigkeit und die tiefste Finsternis wie das klarste Licht: alles empfängt seinen Geschmack von Gott und wird göttlich, denn es artet sich alles nach ihm, was diesen Menschen ankommt, strebt er ja doch nach nichts anderem und schmeckt ihm nichts anderes. Und drum ergreift er Gott in aller Bitterkeit wie in der größten Süßigkeit.[1]

Eckhart schreibt natürlich alles Gott zu, obwohl sein Gott ein wenig Saichis »Namu-amida-butsu« ähnelt. Wir »Geschöpfe«, die wir von Gott kommen, tun nichts als seinen Willen zu befolgen, »so wie er ist«, *sono-mama*. Und zu dem, was wir tun, gibt es nichts zu sagen, weder Gutes noch Schlechtes. Wenn ich das für die christliche Version der *fura-fura*-heit nehme, wird das die Christen verletzen?

Eckhart stellt in diesem Zusammenhang eine merkwürdige, aber interessante Frage:

Nun stellt man die Frage in bezug auf die Engel, ob jene Engel, die hier bei uns wohnen und uns dienen und uns behüten, ob die irgendwie geringere Gleichheit haben in ihren Freuden als diejenigen, die in der Ewigkeit sind, oder ob sie durch ihr Wirken zu

[1] Quint, S. 70.

unserer Hut und zu unserem Dienst irgendwie geschmälert werden. Ich sage: Nein, keineswegs! Ihre Freude und ihre Gleichheit ist deshalb um nichts geringer. Denn das Werk des Engels ist der Wille Gottes, und der Wille Gottes ist das Werk des Engels. Darum wird er nicht behindert an seiner Freude noch an seiner Gleichheit noch an seinen Werken. Hieße Gott den Engel sich an einen Baum begeben und hieße ihn davon Raupen ablesen, der Engel wäre dazu bereit, die Raupen abzulesen, und es wäre seine Seligkeit und wäre Gottes Wille.[1]

Die Shin-Ausdrucksweise ist subjektiv und persönlich im Gegensatz zu der objektiv-unpersönlichen von Zen, was beweist, daß Shin stärker am *karuna*-Aspekt der Wirklichkeit interessiert ist, während Zen dazu neigt, den *prajna*-Aspekt zu betonen. Der Shin-Glaube gründet sich auf Amidas *pranidhana*, summarisch zusammengefaßt in der Wortbildung »Namu-amida-butsu«, die in Japan *myogo* genannt wird *(namadheya* in Sanskrit), was soviel wie »der Name« bedeutet. Dieses *myogo* mag abstrakt klingen, aber es ist eine Integration von Subjekt und Objekt, von Gläubigem und Amida, von Namu (dem Anbetenden) und Buddha (dem Angebeteten), von *ki* und *ho* (siehe auch weiter unten). Wenn das *myogo* ausgesprochen wird, findet die mystische Identifikation statt!

Wenn ich sage »Namu-amida-butsu«,
fühle ich meine Gedanken, alles Hemmende zu Frühlingsschnee
  werden:
Wie dieser, wenn er den Boden berührt, schmilzt es hinweg.

*

Nicht wissen, warum — nicht wissen, warum:
das ist mein Halt.
Nicht wissen, warum:
Das ist »Namu-amida-butsu«.

*

Amida ist dies: »Siehe, hier bin ich!«
Namu und Amida —

[1] Quint, S. 214.

aus ihnen entsteht »Namu-amida-butsu«.
O Nyorai-san, solches schreib ich,
wie schön!

Diese Spruchgedichte sind von Saichi. In ihnen gibt er den unmittelbaren Ausdruck seiner Erfahrungen. Sobald das »Namu-
amida-butsu« ausgesprochen wird, verschmilzt der, der es ausspricht als »Namu« *(ki)* mit dem Leib von Amida *(ho)*, welcher
sein »Grund« und sein »Halt« ist. Er kann Amida nicht wirklich
erklären, aber: »Hier bin ich!« Stattgefunden hat die Identifikation von Amida *(ho)* und Saichi *(ki)*. Doch ist diese Identifikation
nicht gleichbedeutend mit Saichis Verschwinden. Saichi ist sich
seiner Individualität weiter bewußt und wendet sich an den
Amida-Buddha mit der vertraulichen Anrede »O Nyorai-san!«,
während er sich selbst beglückwünscht, über das frohe Ereignis
schreiben zu können.

Das folgende Gedicht ist von Frau Chiyono Sasaki aus Kona
auf der Insel Hawaii, die eine *myokonin* ist und zum Hongwanji-
Tempel unter Reverend Shonen Tamekuni gehört:

> »*Kono-mama*«*:* Ich bin so glücklich damit,
>   ich beuge mein Haupt!
> Gut oder schlecht — es ist »*kono-mama*«!
> Recht oder unrecht — es ist »*kono-mama*«!
> Wahr oder falsch — es ist »*kono-mama*«!
> »Ist« oder »ist nicht« — es ist »*kono-mama*«!
> Weinen oder lachen — es ist »*kono-mama*«!
> Und »*kono-mama*« ist »*kono-mama*«!
>
> Daß du sagst »*kono-mama*«, ist nicht genug,
>   du bist [noch] zu süchtig.
> »*Kono-mama*« wandelt sich nicht,
>   noch kannst du es wandeln.
> Nur weil du mein Oya bist,
>   rufst du mich: »Komm, wie du bist (»sono-mama«).
> Nur weil wir nicht wissen,
>   daß »*kono-mama*« »*kono-mama*« ist,
> wandern wir umher von Ort zu Ort.
> Daß ich nun innerhalb der Einfriedigung bin,
>   verdanke ich Oyas Erbarmen.

Und das macht ihn froh, den Oya, und mich.
Oya und ich leben seither zusammen.
Ständig lerne ich an seiner Langmut,
wie nichtswürdig ich bin!
Wie elend fühle ich mich!
Beschämt über mich wiederhole ich mein *Nembutsu*:
»Namu-amida-butsu, Namu-amida-butsu!«

»Kono-mama«, könnten wir denken, klingt zu leichtfertig, zu gewichtslos, daran ist nichts Geistiges oder Transzendentales. Wenn wir es in dieser Welt der Einzelheiten und der Vereinzelung propagieren, überantworten wir alles dem Existenzkampf, in dem nur die Geschicktesten überleben. Diese Lehre ist die gefährlichste Doktrin, die man aufstellen kann, zumal für unsere gegenwärtige Welt. Doch ist es vielleicht wert, sich zu fragen, ob diese »*kono-mama*«-Doktrin wirklich so gefährlich ist. Saichi hat folgendes zu ihr zu sagen:

Obgleich wir das Wort »kono-mama« alle im Munde führen,
wissen wir in Wahrheit doch nicht, was es bedeutet.
Für den, der auf das Dharma ohne Aufmerksamkeit hört,
gibt es kein »*kono-mama*«.
Ich bin einer jener Ketzer, die nicht wissen,
was »*kono-mama*« bedeutet,
gewiß bin ich, Saichi, ein Ketzer.

Saichi muß einen Prediger über »*kono-mama*« reden gehört haben, der die Zuhörerschaft davor warnte, es im Sinne von Indifferenz oder Zerstreutheit oder der Hingabe an Augenblicks-Impulse aufzufassen, die einseitig persönlicher Eigenmächtigkeit entspringen. Die »*kono-mama*«-Lehre wird vergleichsweise zur »Häresie« oder »Ketzerei«, wenn man sie nur intellektuell begreift und nicht als Erfahrung unseres innersten Bewußtseins.
Ist nun unsere gegenwärtige Welt, in der das Wissen von jenem »Etwas in der Seele«, um mit Eckhart zu sprechen, »das Gott so verwandt ist«, verblaßt — ist diese Welt so wertvoll, verdient sie, daß man sorgsam darauf aus ist, sie zu erhalten? Hätten wir dieses (heute verblassende) Wissen nicht, so fände Eckhart unser individualistisch-egozentrisches Leben nicht beachtenswerter als das eines »Mistwürmleins«. Verdient also eine Welt, in der diese

Existenzform vorherrscht, wirklich, daß man sie bewahrt? Eckharts Sätze sind voller Nachdruck:

Wie ich schon öfter gesagt habe: Etwas ist in der Seele, das Gott
so verwandt ist, daß es eins ist und nicht vereint. Es ist eins, es
hat mit nichts etwas gemein, noch ist ihm irgend etwas von alledem gemein, was geschaffen ist. Alles, was geschaffen ist, das ist
nichts. Nun ist dies aller Geschaffenheit fern und fremd. Wäre der
Mensch ganz so geartet, er wäre völlig ungeschaffen und un-
erschaffbar. Wäre alles das, was körperlich und bresthaft ist, so in
der Einheit begriffen, so wäre es nichts anderes, als was die Einheit selbst ist. Fände ich mich nur einen Augenblick in diesem
Sein, ich achtete so wenig auf mich selbst wie auf ein Mist-
würmlein.[1]

3

Die »*kono-mama*«-Lehre basiert auf jener Psychologie, die aus
der Erfahrung des Eckhartschen »Etwas« erwächst. Man braucht
kein metaphysischer Analytiker zu sein, um davon so überzeugend
zu sprechen, wie Eckhart es tut. Kein Zweifel, daß Frau Sasaki,
die Autorin der dem Eckhart-Zitat vorausgegangenen Zeilen, jenes
»Etwas« erfahren hat, wenngleich sie nicht über die Gelehrsam-
keit und den Geist des großen deutschen Theologen verfügt.
Saichi ist auf seine Weise »gelehrter« als sie. Er nennt es — das
»Etwas« — »Buddha-Weisheit« *(Buddhajna)*, was er von seinen
geistlichen Lehrern gehört haben muß. Buddha-Weisheit ist jenseits unseres bloß menschlichen Verstandes, der in sinnlichen
Erfahrungen und »logischen« Manipulationen gründet.

Buddha-Weisheit übersteigt unser Denken,
führt mich in das Reine Land!
»Namu-amida-butsu!«

*

Vollkommen unbekümmert bin ich!
Weder Freude noch Wohlgefühl
noch Bedauern über den Mangel an Wohlgefühl [empfinde ich].

*

[1] Quint, S. 214.

Nichts-tun, Nichts-tun, Nichts-tun!
Nyorai-san führt mich!
Und ich bin glücklich!

Saichis »Unbekümmertheit« und »Nichtstun« sind eine andere
und negative Art, »*kono-mama*« oder »*sono-mama*« zu erläutern.
Buddha-Weisheit ist einerseits All-Bestätigung, aber andererseits
Alles-Verneinung. Sie sagt »ja, ja« oder »*sono-mama*« zu allem
was kommt, doch gleichzeitig bürgt sie für nichts, sagt: »*neti,
neti*«. Wenn Saichis Stimmung negativ ist, klagt er: »Wie erbärmlich!« »Wie elend!« »Ich bin ein Sünder!« »Ich bin ein großer
Lügner!« Doch wenn seine Laune umschlägt, verwandelt sich alles.
Wie frohlockt er dann! Er ist dankbar für alles, ist höchst emp-
fänglich für Amidas »Gnade« und fragt sich, wie er das alles verdient. Und trotz all dieses scheinbaren Wankelmuts und Widerspruchs hält Saichi sein Gemüt doch im Gleichgewicht eines stillen
Friedens, da sein Wesen sicher in Amidas Hand liegt und da es
ruht in dem »Namu-amida-butsu«.

> Nichts, außer einem fröhlichen Herzen,
> nichts besitzt Saichi.
> Weder Gutes noch Schlechtes hat er,
> alles ist von ihm genommen.
> Nichts zu besitzen — wie völlig ausreichend!
> Alles ist von ihm genommen durch »Namu-amida-butsu«.
> Gänzlich im Frieden mit sich ist er, bei sich daheim:
> Das ist wahrhaft »Namu-amida-butsu«!

*

»O Saichi.«
»Ja, hier bin ich.«
»Wo ist dein Gefährte?«
»Mein Gefährte ist Amida-Buddha.«
»Wo bist du?«
»Ich bin in Amida.«
»O Saichi.«
»Ja.«
»Was bedeutet ›alles ist drinnen, nichts draußen‹?«
»Es bedeutet ›gänzlich gefangen‹.«
Wie schön!
»Namu-amida-butsu!«

4

Um Saichis inneres Leben deutlicher zu machen, zitiere ich weitere Sprüche von ihm:

> All meine Begierden sind von mir genommen,
> die ganze Welt ist mein »Namu-amida-butsu«.

*

> Alles, Saichi, ist von dir genommen,
> und das *Nembutsu* ist dir gegeben — »Namu-amida-butsu«.

*

Keine meiner 84 000 bösen Leidenschaften sind mir geblieben, jede von ihnen nahm von mir das »Namu-amida-butsu«.

*

> Mein Geist, gänzlich gefangengenommen von *bonno*
>   [bösen Leidenschaften]
> ist nun von mir genommen zusammen mit *bonno*,
> mein Geist — eingehüllt in das »Namu-amida-butsu«.
> Dank gebührt ihm, dem »Namu-amida-butsu«!

*

Saichi hat nichts — das ist seine Freude.
Außer der Freude ist nichts.
Gut und Böse — beides ist von ihm genommen,
nichts blieb.
Nichts zu haben — das ist die Befreiung, der Friede.
Alles ist von ihm genommen durch »Namu-amida-butsu«,
das ist wahrhafter Friede.
»Namu-amida-butsu!«

Wir dürfen jedoch nach alldem nicht annehmen, daß Saichi in ein Stück Holz verwandelt wurde, frei von allen Leidenschaften, guten und bösen. Er lebte weiter mit ihnen. Er war so menschlich wie wir. Solange wir sind, was wir sind, kann niemand von uns befreit werden von dieser Last. Sie verlieren heißt: unser Dasein verlieren, und das wäre gleichbedeutend mit unserem Ende, das

wäre das Ende aller Dinge, auch das Ende Amidas, der dann kein
Objekt mehr hätte, um sein *upaya* (seine Wirkung) auszuüben.
Die Leidenschaften müssen uns bleiben, ohne sie gäbe es keine
Freude, kein Glücklichsein, keine Annehmlichkeit, keine Ge-
selligkeit, keinen menschlichen Kontakt. Saichi hat ganz recht,
wenn er Amida bittet, ihm *tsumi* zu lassen (siehe dazu weiter
unten). Er weiß genau: ohne *tsumi* könnte er Amida nicht erfahren. Unser Dasein auf dieser Erde ist so beschaffen, daß wir
das eine haben müssen, wenn wir das andere haben wollen —
und dieses Wollen ist eben nichts anderes als die Fülle der Leidenschaften, die *tsumi* ausmachen. In diesen Widerspruch, der
Leben heißt, sind wir immer verwickelt, und wir leben ihn — und
indem wir ihn leben, ist er gelöst. Die Widersprüche aller Art
verwandeln sich in die *sono-mama*-heit der Dinge. Was notwendig
ist, ist die Erfahrung der Nichtigkeit, der So-heit, von *kono-mama*.
Wir können sagen, daß Saichis ungezwungene Äußerungen, die
mehr als sechzig Notizbücher füllen, Rhapsodien darauf sind,
wie er den großen Widerspruch selbst lebt, der uns als *ki* und *ho*
in jeder Phase unseres Daseins begegnet.

Ki, das ursprünglich so viel wie »Angelpunkt, Hauptsache«
bedeutet, hat in Shin die besondere Bedeutung von »Gläubiger,
der sich Amida in der Haltung der Abhängigkeit nähert«. *Ho* ist
»Dharma«, »Wirklichkeit«, »Amida« und »die andere Macht«.
Diese Kontrapunktik erscheint unserem Intellekt als Gegensatz
und unserem Willen als Situation, die Beklemmung, Furcht und
Ungewißheit einschließt. Wenn *ki* und *ho* in dem *myogo* »Namu-
amida-butsu« vereint sind, erlangt der Shin-Gläubige *anjin*,
»Frieden des Geistes«.

> O Saichi, wenn du Buddha sehen willst,
> blick in dein eigenes Herz, wo *ki* und *ho* vereint
> als Namu-amida-butsu sind.
> Und das ist Saichis Oya-sama.
> Wie froh bist du über das Glück!
> Namu-amida-butsu, Namu-amida-butsu!

Saichi lebt diesen Widerspruch und liebt ihn mit seinem ganzen Wesen. Jedes Abfallstück, das von seinem Arbeitstisch fällt
(er war ein *geta-*, ein Schuh-macher), erzählt ihm von dem
Welt-Drama, das unserem Versuch trotzt, es intellektuell zu

lösen. Doch der schlichte Geist des *Amida*-berauschten Saichi löst es ganz leicht, indem er all diese Abfälle zu Trägern seiner Inschriften macht:

»Was bin ich für ein erbärmlicher Mensch! oder »Wie dankbar ist Saichi für Oya-samas weites, mitfühlendes Herz!« »Armer Saichi, er ist schwer mit *tsumi* beladen, und doch wünscht er nicht, sich davon zu trennen, denn ohne *tsumi* fühlte er nicht die Gegenwart von Amida und seines Namu-amida-butsu.« Saichi lebt den großen Welt-Widerspruch, und indem er ihn lebt, löst er ihn.

5

Shinran, der Gründer der Shin-Sekte, kommentiert den »*kono-mama*«-Gedanken folgendermaßen. Da er ein chinesischer Gelehrter war, benutzte er nicht die japanische Lesart, sondern ihr chinesisches Äquivalent, *tzu-jên fa-êrh*, dem das japanische *jinen honi* entspricht.

Ji bedeutet »aus sich selbst« oder durch sich selbst«. Da der Mensch nicht dank menschlichen Planens, sondern dank Nyorais Gelübde im Reinen Land geboren wird, heißt es, daß er naturgemäß oder »von selbst« *(nen)* dem Reinen Land zutreibt. Der Gläubige macht von sich aus keinerlei bewußte Anstrengungen, da sie für die Erreichung des Zieles völlig wirkungslos sind. *Jinen* meint also — da eines Menschen Rückkehr ins Reine Land ganz der Wirkung von Nyorais Gelübde, der Macht seines Gebets überantwortet ist —, daß der Gläubige nichts zu tun hat, als an Nyorai zu glauben und sein Gebet, sein Gelübde wirken zu lassen.

Honi bedeutet: »Es ist so, weil es so ist.« Und im vorliegenden Falle ist damit gemeint: Es liegt im Wesen von Amidas Gebetskraft, daß wir geboren werden im Reinen Land. Deshalb kann die Art und Weise, in der die »andere Macht« wirkt, bezeichnet werden als »Absicht ohne Absicht«, das heißt, sie wirkt so, als wirke sie nicht [so natürlich, spontan, mühelos und vollkommen zwanglos sind ihre Wirkungen].

Amidas Gelübde vollbringt alles, dem Gläubigen selbst bleibt nichts zu planen. Amida läßt den Gläubigen lediglich sagen »Namu-amida-butsu«, damit er durch Amida gerettet werde, und

Amida heißt ihn willkommen im Reinen Land. Der Gläubige selbst weiß nicht, was gut oder schlecht für ihn ist, alles ist Amida überlassen. Das ist, was ich — Shinran — gelernt habe.

Amidas Gelübde dient dazu, uns alle höchste Buddhaschaft erlangen zu lassen. Der Buddha ist ohne Gestalt und deswegen bekannt als »alles durch sich selbst« *(jinen)*. Hätte er eine Gestalt, würde er nicht höchster Nyorai genannt werden. Damit wir wissen, wie gestaltlos er ist, wird er Amida genannt. Das ist, was ich — Shinran — gelernt habe.

Wenn ihr dies begriffen habt, braucht ihr euch nicht länger mit *jinen* [»sein durch sich selbst«] zu befassen. Wenn ihr ihm eure Aufmerksamkeit zuwendet, wird die »absichtslose Absicht« zur Absicht [was ihren Zweck zerstörte].

All dies kommt aus *Buddhajna,* das jenseits der Faßlichkeit liegt.

Aus diesem Kommentar Shinrans über *jinen honi* können wir ersehen, wie er das Wirken von Amidas *pranidhana* (Gebetskraft) oder der »anderen Macht« verstand. Absichtslose Absicht« — davon könnte man denken, es habe keinen Sinn, keinen deutlichen Gehalt, der sich konkret fassen läßt. Der Sinn ist, daß Amida keine teleologische oder eschatologische Konzeption hatte, als er jene 48 »Gelübde« auf sich nahm, daß alle darin ausgedrückten Gedanken spontaner Ausfluß seines *mahakaruna* sind, seines großen mitfühlenden Herzens, das Amida selbst ist. Amida hat keinen anderen Beweggrund als ein Gefühl der Sorge um uns leidende, empfindende Wesen und den Wunsch, uns davor zu bewahren, daß wir endlos den Kreis von Geburten und Toden durchlaufen. Die »Gelübde« sind der spontane Ausdruck seiner Liebe oder seines Erbarmens.

Was die fühlenden Wesen anlangt, so sind sie hilflos, weil ihr Dasein begrenzt ist, *karma*-gebunden, völlig an die Bedingungen von Raum, Zeit und Kausalität geknüpft. Solange sie diesem Zustand der Beschränkung verhaftet sind, können sie durch sich selbst niemals Nirvana oder Erleuchtung erlangen. Diese Unfähigkeit liegt in der Natur unserer Existenz. Je mehr wir versuchen, dem zu entgehen, um so tiefer verstricken wir uns. Hilfe muß aus einer Quelle kommen, die anderswo als in dieser begrenzten Existenz liegt, doch darf sie auch nicht gänzlich außerhalb von uns sein in dem Sinne, daß sie nichts von unseren Grenzen weiß und daher völlig ohne inneren Kontakt mit uns ist. Die Hilfe muß einer Quelle entspringen, die dasselbe Herz hat wie wir, so daß zwischen ihr, der Quelle, und uns ein Strom gemeinsamen Empfindens fließt. Die Quellkraft muß in uns und doch außerhalb sein. Wäre sie nicht in uns, verstünde sie uns nicht. Wäre sie nicht außerhalb, sie unterläge den gleichen Bedingungen. Das ist ein ewiges Problem — zu sein und nicht zu sein, innen und doch außen zu sein, unendlich und doch bereit, dem Endlichen zu dienen, voller Absicht und ohne Absicht. Daher die Unfaßbarkeit von *Buddhajna*, daher die Unbegreiflichkeit des »Namu-amida-butsu«.

Die Art und Weise, wie Saichi die Erkenntnisse Shinrans abwandelt, hat ihren eigenen Zauber, ihre Originalität aus seiner persönlichen inneren Erfahrung, die unserer logischen Analyse spottet.

Das unerschöpfliche Namu-amida-butsu,
sooft man es auch ausspricht, es bleibt unerschöpflich.
Unerschöpflich ist Saichis Herz,
unerschöpflich ist Oyas Herz.
Oyas Herz und Saichis Herz
sind ein Leib in Namu-amida-butsu.
Sooft man dieses auch ausspricht, es bleibt unerschöpflich.

*

»Wie kläglich!« —
Das kommt ganz spontan.
»Wie dankbar [bin ich] für Buddhas Gnade!« —
Auch das kommt spontan.
Ki und *ho*, beide sind Oyas Werk:
Alles ist in sich vollkommen.

*

Saichis Nyorai-san,
wo ist er?
Saichis Nyorai-san ist nichts anderes als die Einheit von *ki und ho*.
Wie dankbar ich bin! »Namu-amida-butsu!«
»Namu-amida-butsu! Namu-amida-butsu!«

*

Welch ein Buddha! Ein guter Buddha, wahrhaftig!
Wohin ich auch gehe, er folgt mir,
er hat acht auf mein Herz.
Der erlösende Laut der sechs Silben
wird vernommen als die Einheit von *ki* und *ho:* —
»Namu-amida-butsu!«
Ich habe keinerlei Worte dafür.
Süße Gnade!

Eckhart hat seine eigene Art, sich zu all diesen Vorstellungen zu äußern, die wir für ausgesprochenes Shin nehmen können.

Leidest du um Gott und um Gottes willen allein, so tut dir dieses Leiden nicht weh und ist dir auch nicht schwer, denn Gott trägt die Last. Wenn mir einer einen Zentner auf meinen Nacken legte und ihn dann ein *anderer* auf meinen Nacken *hielte,* so lüde ich mir ebenso lieb hundert auf wie einen, denn es wäre mir nichts schwer und täte mir auch nicht weh. Kurz gesagt: Was immer der Mensch um Gott und um Gottes willen allein leidet, das macht ihm Gott leicht und süß.[1]

Dann ist der Wille vollkommen und recht, wenn er ohne jede Ich-Bindung ist und wo er sich selbst entäußert hat und in den Willen Gottes eingebildet und geformt ist. Ja, je mehr dem so ist, desto rechter und wahrer ist der Wille. Und in solchem Willen vermagst du alles, es sei Liebe oder was du willst.[2]

Gesetzt nun, daß es voll und ganz Liebe sei, so ist es doch das Allerbeste nicht. Man soll nämlich aus solchem Jubilus bisweilen ablassen um eines Besseren aus Liebe willen und um zuweilen ein Liebeswerk zu wirken, wo es dessen not tut, sei's geistlich oder weltlich oder leiblich. Wie ich auch sonst schon gesagt habe: Wäre der Mensch so in Verzückung, wie's Sankt Paulus war, und wüßte einen kranken Menschen, der eines Süppleins von ihm bedürfte, ich erachtete es für weit besser, du ließest aus Liebe von der Verzückung ab und dientest dem Bedürftigen in größerer Liebe.[3]

---

[1] Quint, S. 162. [2] Quint, S. 66. [3] Quint, S. 67.

ANHANG

I

BEMERKUNGEN ÜBER »NAMU-AMIDA-BUTSU«

Das höchste Ziel der Lehre vom Reinen Land ist es, den Sinn von »*Nembutsu*« verstehen zu lernen. Denn wer von den Anhängern der Lehre diesen Sinn versteht, wird aufgenommen ins Reine Land. In *Nembutsu* lösen sich die Widersprüche auf zur »Standhaftigkeit des Glaubens«.

Wörtlich bedeutet *Nembutsu:* »an Buddha denken«. *Nen* (chinesisch *nien* und *smriti* in Sanskrit) heißt »sich erinnern«. Doch ist in Shin damit mehr als bloßes Erinnern gemeint, hier heißt es: Buddhas »Namen« *(myogo, ming-hao* chinesisch, *namadheya* in Sanskrit) denken, ihn im Sinn haben, im Gedächtnis behalten. Der »Name« besteht aus sechs Zeichen oder Silben: *na-mu-a-mi-da-buts[u]* japanisch, und chinesisch *nan-wu-o-mi-to-fo.* In Wirklichkeit enthält der »Name« mehr als Buddhas Namen, denn hinzu kommt *Namu. Namu* ist in Sanskrit *namas* (oder *namo*) und bedeutet »Anbetung«, »Huldigung« oder »Begrüßung«. Der »Name« ist daher eine »Huldigung für Amida Buddha«, und darunter versteht man nun Amidas »Namen«.

Die Interpretation, welche die Shin-Anhänger dem »Namu-amida-butsu« geben, übersteigt die wörtliche Bedeutung, wenngleich sie ganz und gar nicht mystisch oder esoterisch ist. Sie ist einfach philosophisch. Wenn man Amida als Gegenstand der Anbetung sieht, dann ist er vom Anbetenden getrennt, ganz bei sich selbst. Fügt man dem Namen aber das *Namu* hinzu, dann gewinnt das Ganze eine neue Bedeutung, weil es nun die Vereinigung Amidas mit dem Gläubigen symbolisiert, in der es keine Zweiheit mehr gibt. Freilich ist damit nicht gemeint, der Gläubige sei nun in Amida verloren oder aufgegangen, so daß ihm keine Individualität mehr bleibe. Die Einheit besteht als »Namu« plus »Amidabutsu«, doch das *Namu (ki)* ist nicht verschwunden. Es ist da, wie wenn es nicht da wäre. Diese Ambivalenz ist das Geheimnis des *Nembutsu.* In Shin-Begriffen ausgedrückt liegt die Ambivalenz in der Einheit von *ki* und *ho,* und das Geheimnis heißt: die Unbegreiflichkeit der Buddha-Weisheit *(Buddhajna).* Um diese Achse der Unbegreiflichkeit *(tushigi* japanisch, *acintya* in Sanskrit) dreht sich die ganze Shin-Lehre.

Nun sehen wir also: das *Nembutsu* oder *Myogo* oder »Namu-amida-butsu« steht im Zentrum des Shin-Glaubens. Wenn das zur Erfahrung geworden ist, hat der Gläubige die »Standfestigkeit des Glaubens«, auch wenn er noch nicht ganz in das Reine Land eingeführt worden ist. Denn der Eintritt ins Reine Land ist nicht länger ein Nachtod-Ereignis, er vollzieht sich in diesem *sahalokadhatu,* in der Welt der vielen Einzelheiten. Nach Saichi geht der Gläubige ins Reine Land wie durch die Tür des nächsten Hauses und kehrt von dort nach Belieben ins eigene zurück.

> Ich bin, wahrhaftig, ein glücklicher Mensch!
> Ich suche, sooft ich mag, das Reine Land auf:
> bin dort und bin hier,
> bin dort und bin hier,
> dort und hier.
> »Namu-amida-butsu! Namu-amida-butsu!«

Wenn Saichi im Reinen Land ist, dann ist »dort« unsere Welt. Und wenn er in unserer Welt ist, dann ist »dort« das Reine Land. In Wahrheit ist er hier und dort, er sieht keinen Unterschied zwischen den beiden Welten.

Oft geht er über dies noch hinaus:

> Wie glücklich bin ich!
> »Namu-amida-butsu!«
> Ich bin das selige Land,
> ich bin Oya-sama.
> »Namu-amida-butsu! Namu-amida-butsu!«

*

> In Herrlichkeit leuchtet Buddhas Reines Land,
> und das ist mein Reines Land?
> »Namu-amida-butsu! Namu-amida-butsu!«

*

O Saichi, wo ist dein Seliges Land?
Mein Seliges Land ist hier.
Und wo ist die Grenzlinie
zwischen dieser Welt und dem Seligen Land?
Die Grenzlinie — die ist das Auge.

Die letzte Zeile erinnert an Eckhart.

Für Saichi bedeutet »Oya-sama« oder »Oya« nicht nur Amida
selbst, sondern personifiziert häufig das »Namu-amida-butsu«.
Für ihn sind Amida als Oya-sama, das *Myogo* (»Namu-amida-
butsu«) und Saichi zuweilen ein und dasselbe.

Wenn ich dir huldige, o Buddha,
dann huldigt ein Buddha einem anderen Buddha.
Und du bist es, der mir dieses bewußt macht, o Buddha!
Für diese Gnade dankt dir Saichi am meisten.

Wenn wir diese Zeilen überblicken, die endlos Saichis innerer
Erfahrung des »Namu-amida-butsu« als des Symbols der Einheit
von *ki* und *ho* entströmen, vermittelt uns das Leben dieses
schlichten *geta*-[Schuh]Machers aus den entlegenen Teilen seines
fernöstlichen Landes einen unendlichen Reiz. Eckhart ist gewaltig,
Zen ist fast unnahbar, aber Saichi ist so anheimelnd, daß man
meint, in seine Werkstatt zu blicken und diese »Späne« fallen
zu sehen.

O Saichi, was läßt dich schaffen?
Ich schaffe durch das »Namu-amida-butsu«.
»Namu-amida-butsu! Namu-amida-butsu!«

*

Wie wohl fühle ich mich!
Was ich auch tue in dieser Welt —
mein Tagewerk zur Erhaltung des Lebens —
alles hilft mit, das Reine Land zu schaffen.

*

Ich wirke in dieser Welt in Gemeinschaft mit allen Buddhas,
ich wirke in dieser Welt in Gemeinschaft mit allen Bodhisattvas.

Von Oya-sama beschirmt bin ich hier.
Viele weiß ich, die mir vorangingen auf diesem Pfad.
Inmitten des Namu-amida-butsu tummle ich mich.
Wie froh bin ich für diese Gnade!
»Namu-amida-butsu!«

Sich Saichi in Gemeinschaft von Buddhas und Bodhisattvas, die
das ganze Universum erfüllen, wirkend vorzustellen, das muß ein
ganz bezaubernder Anblick sein: eine Szene aus dem Reinen Land
selbst!
  (»Welch ein Wunder!« sagt Saichi:
        Welch ein Wunder!
        Das »Namu-amida-butsu« erfüllt die ganze Welt;
        Und diese Welt hat mir Oya-sama gegeben!
        Das ist meine Freude!
        »Namu-amida-butsu!«)

Damit verglichen scheint Eckhart immer noch Spuren von Dies-
seitigkeit in sich zu tragen. Bei Saichi kommt alles aus dem Geheimnis des »Namu-amida-butsu«, worin es keinen Unterschied
gibt zwischen »Augenblicken der Entzückung« und der »Liebe
zum Nächsten«.

Es gibt noch einen Aspekt in Saichis Leben, der ihn dem Leben
eines Zen-Menschen nahekommen läßt. Denn er erhebt sich bisweilen über das »Namu-amida-butsu«, über die Einheit von *ki*
und *ho*, über die Ambivalenz von Kläglichkeit und Wohlbefinden,
von Trübsal und Freude. Er ist »unbekümmert«, »gelassen«, »gelöst« oder »gleichmütig«, als träte er unmittelbar in seiner bloßen
»Ist-heit« vor uns hin, in aller Nacktheit, in der »*sono-mama*-
heit« der Dinge.

Vollkommen unbekümmert bin ich!
Weder Freude noch Wohlgefühl
noch Bedauern über den Mangel an Wohlgefühl [empfinde ich].

★

»O Saichi, so wie du bist,
bist du Amida dankbar?«
»Ich habe keine Einzelgefühle,

soviel ich [den Predigten] auch lausche —
und dies ohne Grund.«

*

Auf alle Fälle war Saichi einer der aufrichtigsten Shin-Anhänger, einer, der wirklich das Geheimnis der Einheit von *ki* und *ho*, wie es sich im »Namu-amida-butsu« versinnbildlicht, erfuhr. Er lebte es in jedem Augenblick seines Lebens, jenseits aller logischen Ungereimtheiten und semantischen Unmöglichkeiten.

O Saichi, ich bin der allerglücklichste Mensch!
Ich bin ganz und gar frei von jeglichem Weh,
nichts auf der Welt beunruhigt mich.
Nicht einmal das »Namu-amida-butsu« spreche ich aus.
Durch deine Barmherzigkeit bin ich erlöst [o Amida-san!].
Wie froh macht mich deine Gnade!
»Namu-amida-butsu!«

(Saichi beginnt wie auch hier seine Sprüche oft mit der Selbstanrede »O Saichi« und vergißt diesen Anfang dann nach einer Weile. »Du« und »ich geraten« so durcheinander. Wir haben solcherart grammatikalische Freiheiten hier außer acht gelassen.)

Während ich den Gebirgspfad entlanggehe,
            wie genieße ich es dann, meine Pfeife zu rauchen!
Ich sitze eine Weile am Wege, ich nehme in Ruhe — und
        ohne daß Kummer den Geist bewölkt — die Pfeife heraus.
Doch laß uns nach Hause nun gehen, wir sind lange genug
                draußen gewesen, laß uns nun heimgehen.
Wie leicht meine Schritte, indes sie sich heimwärtsbewegen!
Meine Gedanken sind voll von Heimkehr in Amidas Land.
»Namu-amida-butsu, Namu-amida-butsu!«

RENNYOS BRIEFE

Die »Briefe«, um die es hier geht, wurden vom Rennyo Shonin (1415–1499) an seine Schüler und Anhänger geschrieben. Er war einer der größten Lehrer der Shin-Schule des Buddhismus und legte den Grundstein zu der als Jodo-Shin Shu, der »Wahren Sekte vom Reinen Lande«, bekannten modernen religiösen Institution. Seine Briefe, ungefähr 85 an der Zahl, sind erhalten und haben den Titel *Gobunsho* oder *Ofumi*, das heißt »ehrenwerte Briefe«, bekommen. Sie werden gewöhnlich als Quellendokument von höchster Autorität für die Lehrer der Shin-Schule vor einer Predigt gelesen und zitiert. Saichi gibt zu, daß er, im Geiste von diesen Episteln erleuchtet, sich bewußt wurde, welch klägliches Geschöpf er sei. Doch seitdem sich ihm durch diese erleuchtenden Dokumente des großen Lehrers der Buddha-Geist enthüllt habe, sei er überzeugt von der Unermeßlichkeit der Liebe Oya-samas für ihn und empfinde dafür unendliche Dankbarkeit. Rennyos Briefe vermögen beide Aspekte unseres religiösen Bewußtseins zu entfalten, nämlich 1. das Gefühl der Unzulänglichkeit und Verderbtheit und 2. das Gefühl der Dankbarkeit dafür, aus einer schier hilflosen Situation errettet worden zu sein. Hier einer der Briefe Rennyos mit eingeschobenen Erläuterungen:

Fest im [Shin-] Glauben verankert sein heißt, das Achtzehnte Gelübde verstanden zu haben.

[Dieses lautet: »Wenn durch mein Erlangen der Buddhaschaft nicht alle Wesen in den zehn Reichen allen Ernstes und in vollem Vertrauen wünschen sollten, in meinem Lande zu sein, und wenn sie nicht durch den einfachen Gedanken an mich dort geboren werden sollten — sage dir, bis zu zehn Malen ... möge ich die höchste Erleuchtung nicht erlangen.«]

Dieses Achtzehnte Gelübde verstehen heißt: das geistige Gerüst verstehen, welches »Namu-amida-butsu« in dir errichtet.

[Wie wir erklärt haben, ist das *Nembutsu*, das aus den sechs Silben *Na-mu-a-mi-da-buts(u)* besteht, eine Art ritueller Formel. Wenn es in voller Aufrichtigkeit des Herzens und in absolutem Glauben an Amida ausgesprochen wird, ruft es einen bestimmten Geisteszustand hervor, der hier »geistiges Gerüst« oder »Glaubensgerüst« genannt wird. Wenn dieser Zustand erreicht ist, sagt man vom Gläubigen, er sei zu der »Gruppe der Standhaften« gestoßen, bei denen kein Rückfall zu befürchten ist. Der so erwachte Glaube sichert einem die Geburt im Reinen Lande.]

Daher, wenn du einen Zustand der Herzensreinheit erreichst, indem du das *Namu* mit absolutem Vertrauen [in Amida] aussprichst, gewahrst du den Sinn von Amidas Gelübde, das darauf aus ist, in dir ein Glaubensgerüst zu errichten. Denn hierdurch erfassen wir, was mit Amida-Nyorais »Hinwendung« zu uns unwissenden Wesen gemeint ist.

[Das Wunder des Shin-Glaubens liegt darin, daß alle Sünden und bösen Leidenschaften des gewöhnlichen Menschen, wenn er fest in seinem Glauben verankert ist, auf Amida übertragen werden und daß dann dieser und nicht der wirkliche Sünder alle die schrecklichen Karma-Folgen trägt. Mehr noch, alle Verdienste, die Amida während seiner zahllosen Leben der Selbstübung angehäuft hat, werden dem Gläubigen großherzig geschenkt. Der *terminus technicus* dafür: die »Lehre von der Übertragung« *(parinamana)*. Sie hat in der Geschichte des buddhistischen Denkens in Indien und China eine tiefe metaphysische Bedeutung.]

Dies [die »Hinwendung« Amidas] ist beschrieben in dem *Längeren Sutra vom Ewigen Leben,* worin wir lesen: »Amida versieht alle Wesen mit allen Verdiensten.«

[Das genannte Sutra ist das Haupt-Mahayana-Sutra, auf dem die Shin-Lehren basieren. Doch ist der Shin-Text die chinesische Übertragung Sanghavarmans, die dieser 252 n. Chr. verfertigte, als er aus Zentralasien nach China kam.]

Aus alledem folgt, daß wir von allen schlimmen Taten, von allen bösen Leidenschaften, die wir in unseren früheren Leben bis zurück in die anfanglose Vergangenheit verübt und gehegt haben, dank Amidas Gelübde, das über unsere Fassungskraft hinausgeht, gänzlich und vollkommen gereinigt sind, ohne daß von ihnen etwas zurückbliebe. Und die Folge davon ist, daß wir — ohne Furcht vor Rückfall — die Fähigkeit erlangt haben, im »Zustand der Standhaftigkeit« zu verharren.

[Dieser »Zustand — oder ›die Ordnung‹ — der Standhaftigkeit« ist ein Zustand, in dem der Shin-Gläubige seiner Wiedergeburt im Reinen Land absolut sicher wird, das heißt, er sieht — wie Saichi — alle Türen offen, die diese Welt vom Reinen Land trennen.]

Dies [das Verbleiben im »Zustand der Standhaftigkeit«] ist gemeint, wenn es heißt, daß das Nirvana erreichbar ist ohne Vernichtung der bösen Leidenschaften und Triebe *(klesa)*.

[Nirvana ist *klesa (bonno)* und *klesa* ist Nirvana — das ist eine der großen Mahayana-Lehren. Wenn ihr Sinn jedoch nicht wirklich begriffen wird, verführt sie zu allerlei gefährlichen Fehldeutungen, für die man gemeinhin das Mystische selbst verantwortlich macht und tadelt. Eckhart wurde aus diesem Grunde zum Ketzer gestempelt.]

Dies ist die Lehre, die ausschließlich von unserer Schule gelehrt wird. Doch seid gewarnt, so zu Leuten anderer Schulen zu sprechen. Laßt mich euch daran erinnern in Ehrfurcht . . .

Die Übertragung solcher Dokumente, wie Rennyos Briefe es sind, ist voller Schwierigkeiten, da sie von *termini technici* strotzen, die sich in vielen Fällen durch Worte anderer Sprachen nicht ersetzen lassen. Diese Termini erforderten langatmige Erklärungen, die ich mir versagen muß. Ein Wort jedoch über »Namu-amida-butsu«.

»Namu-amida-butsu« ist die japanische Form des ursprünglichen Sanskrit-Ausdrucks »namo amitabha-buddhaya«, was soviel heißt wie »Anbetung des Buddhas vom unendlichen Licht«. Doch bei den Anhängern der Lehre vom Reinen Land stellt dieser Ausdruck weit mehr dar als die bloße Anbetung, die bloße Verehrung für Amitabhabuddha oder Amida. Durch ihn drücken die Gläubigen ihren absoluten Glauben an Amida aus als an den, der es ihnen ermöglicht, in seinem Land der Reinheit und Seligkeit geboren zu werden.

Für den gewöhnlichen Verstand ist »Namu-amida-butsu« ein ziemlich verworrener Begriff, denn wie in Saichis Fall stellt er oft die Wirklichkeit selbst dar, in Amida oder Oya-sama verkörpert, und ist gleichzeitig eine Form der Anbetung, wie auch der Ausdruck völliger Abhängigkeit. Doch ist das nicht alles an »Namu-amida-butsu«, denn der Begriff dient oft auch als metaphysische Formel, welche die Identität von Subjekt und Objekt, von Gläubigem und Amida symbolisiert, die Identität des »sünden-beladenen« Individuums mit dem alleserlösenden und allerbarmenden Oya-sama, Identität aller Wesen *(sarvasattva)* mit Buddha, Identität von *ki* und *ho*, von menschlichem Begehren und höchster Erleuchtung. In diesem Sinne steht der Ausdruck »Namu-amida-butsu« für einen Bewußtseinszustand, worin Saichi es zuweilen schwierig findet, zwischen sich und Amida zu unterscheiden.

> Der Oya-sama, der mich niemals verläßt,
> ist nun ich selbst geworden,
> läßt mich seinen »Namen« hören —
> das »Namu-amida-butsu«.

★

> Ich bin ein glücklicher Mensch:
> Oya-sama ist mir gegeben,
> der Oya, der mich in einen Buddha verwandelt.
> »Namu-amida-butsu!«

Wenn das »Namu-amida-butsu« als philosophisches Symbol gebraucht wird, teilt man es gewöhnlich zunächst in die beiden Teile »Namu« *(ki)* und »Amida-butsu« *(ho)*. »Namu« steht dann für den mit allen möglichen Sünden beladenen Gläubigen, »Amida-butsu« für den Buddha des unendlichen Lichts und des ewigen Lebens. Spricht der Gläubige das »Namu-amida-butsu« aus, dann ist er das »Namu-amida-butsu« selbst. Wenn Saichi wiederholt: »Namu-amida-butsu« — »Namu-amida-butsu«, dann ist der Ausdruck in seinem Sinne zu verstehen, dann ist nichts von demütiger Bitte oder bloßer Anbetung mehr im Spiel. Saichi ist dann trunken von der Identifikation, völlig von dem Mysterium aufgesogen, durch das der klägliche Saichi mit all seinen menschlichen Leidenschaften und Trieben sich in einen Buddha verwandelt findet und in der Gesellschaft aller Buddhas und Bodhisattvas und anderer heiliger Seelen. In seinem Zustand von Ekstase oder Rausch weiß Saichi nicht, wo einhalten, wenn er in sein Notizbuch all das niederschreibt, was ihm durch den Kopf geht, während er damit beschäftigt ist, sein Schuhwerk zu machen. Saichis ständige Wiederholung des »Namu-amida-butsu« ist in diesem Sinne zu deuten.

Saichi wendet sich oft an sich selbst, wenn er Fragen wie diese stellt: »Was tust du jetzt, o Saichi?« »Wie, Saichi, geht es dir?« »Sage, Saichi, wo bist du?« »Warum hörst du nicht auf zu schreiben?« und so weiter. Diese Fragen zeigen deutlich das Doppelgesicht seiner Persönlichkeit: der »klägliche, bejammernswerte, sorgenvolle« Saichi bestand weiter neben Amida oder Oya-sama, auch wenn er Amida nahe fühlte. Zuweilen empfand Saichi, daß nicht er es war, der Amida oder sich selbst ansprach, sondern Amida sprach mit Amida. Amidas Anwesenheit in Saichi war keine visionäre Erfahrung. Amida war wirklich der Lenker von Saichis Schritten, ohne daß Saichi dadurch davor bewahrt blieb, er selbst zu sein, eine klägliche Existenz, unabsehbar getrennt von Amida. Aber im gleichen Moment empfand Saichi, daß er ohne dieses sein klägliches Dasein unfähig wäre, all das Glück zu erfahren, das der Vereinigung mit Amida entsprang.

(Meister Eckhart sagt: »Es ist zwischen Gott und der Seele weder Entfernung noch Fremdheit, daher ist die Seele nicht nur gleich mit Gott — sondern sie ist dasselbe wie Er.« Für Saichi ist Amida beides, entfernt und nah, und vielleicht ist er nah wegen seiner Entfernung — und fern durch seine Nähe. Um es in Saichis eigenen Worten zu sagen: »Saichi fühlt sich elend, weil er voll böser Begierden ist, aber eben wegen seines Elends schätzt er die liebende Güte Amidas, der kein anderer ist als sein Oya-sama, und eben deswegen kennen die Freude und das Gefühl der Dankbarkeit keine Grenzen, ja gehen über die Grenzen des Universums hinaus.«)

Leute, die es mit der Psychologie haben, mögen erklären, Saichi sei ein vorzügliches Beispiel von Schizophrenie. Sie vergessen jedoch, daß Saichi kein kranker Mensch war, kein Fall von Psychose, unter der Spaltung leidend. Er ist eine vollkommen gesunde Persönlichkeit, er hat das Gefühl der Einheit seines Wesens nie verloren. Ja, sein Gefühl des Seins ist so tief und dennoch so bestimmt, daß er ein wirklicheres und sinnvolleres Leben lebt als die meisten von uns. *Wir* sind es und nicht er, die in psychologischer Gespaltenheit leben mit all ihren beunruhigenden Folgen. Eckhart hielt einmal eine Predigt über »den Gerechten, der in Ewigkeit lebt«, worin er sagt:

Der Gerechte lebt in Gott und Gott in ihm, denn Gott wird geboren in dem Gerechten und der Gerechte in Gott. Und darum wird Gott durch eine jegliche Tugend des Gerechten geboren und wird erfreut durch eine jegliche Tugend des Gerechten. Und nicht nur durch eine jegliche *Tugend*, sondern auch durch jegliches *Werk* des Gerechten, wie gering es auch sein mag, das durch den Gerechten und in der Gerechtigkeit gewirkt wird, durch das wird Gott erfreut, ja *durchfreut*. Denn nichts bleibt in seinem Grunde, was nicht von Freude durchkitzelt würde. Grobsinnige Leute müssen dies einfach *glauben*, die Erleuchteten aber müssen es *wissen*.[1]

Eckhart sagen zu hören, »grobsinnige Leute« müßten »dies einfach *glauben*, die Erleuchteten aber« müßten »es *wissen*« — das ist selbst erleuchtend. Mit den »Grobsinnigen« sind diejenigen gemeint, die über Sinne und Intellekt nicht hinausgelangen, da sie zu dem, was sich im Bereich der *prajna*-Intuition abspielt, keinen Zugang haben. Der Oya-sama, dessen allumfassende und allesverstehende Liebe es macht, daß Saichi seinen »Namen« hört, das »Namu-amida-butsu«, wird zunächst Saichi selbst. Das bedeutet, daß der Oya-sama sich als Saichi individualisiert — und zwar auf die gleiche Weise, wie Eckhart »Gott in dem Gerechten und den Gerechten in Gott« geboren werden läßt —, und dann hört er seinen eigenen »Namen«, ausgesprochen von seiner menschlichen Individuation, Saichi. Amida ist nun verwandelt in das »Namu-amida-butsu« im Sein Saichis, und umgekehrt wird Saichi Amida, indem er Amidas »Namen« hört, das »Namu-amida-butsu«, ausgesprochen von Saichi selbst. In dieser Einheit ist es schwierig zu unterscheiden, wer Amida ist und wer Saichi. Wird der eine gerufen, ist es unvermeidlich, daß der andere mitkommt. Amidas Reines Land kann nun nichts anderes sein als Saichis *sahaloka* — diese *shaba*-Welt von Einzelexistenzen.

> Oya ist im Reinen Land,
> ich bin in dieser Welt,
> und Oya hat mir gegeben,
> um mit ihm eins zu werden,
> das »Namu-amida-butsu«!

*

> Laßt mich gehn ins Reine Land
> wie zu einem Besuch bei den Nachbarn.
> Denn *diese* Welt ist das Reine Land.
> »Namu-amida-butsu!«

*

[1] Quint, S. 267.

Nicht du bist es, der das *Nembutsu* sagt,
das *Nembutsu* selbst läßt es dich sagen,
und fortgetragen wirst du ins Reine Land.
»Namu-amida-butsu!«

III

AUS SAICHIS NOTIZBÜCHERN

Das Folgende sind Übertragungen einiger von Saichis Sprüchen. Wie ich schon sagte, gibt es mehrere tausend solcher Sprüche in seinen Notizbüchern, und ohne Zweifel sind sie ein gutes Material für den, der sich mit dem Studium religiöser Erfahrungen befaßt. Mit ihrer Hilfe möchte ich versuchen, dem Leser, so dürftig die Übersetzungen auch sein mögen, einen Einblick in Saichis inneres Leben zu gewähren. Die den Texten zugrunde liegenden tieferen Empfindungen, die Saichi als einen der bedeutendsten *myokonin* der Shin-Sekte ausweisen, kann die Übersetzung freilich kaum vermitteln.

Die folgende Auswahl, die 145 Texte enthält, ist nach neun Titeln geordnet. Die Klassifikation ist nicht wissenschaftlich, zumal es oft sehr schwerfällt, bestimmte Texte einer bestimmten Gruppe zuzuordnen, weil die Texte ganz allgemein mannigfaltige Gedanken enthalten, die alle miteinander in Verbindung stehen.

Die neun Gruppen tragen diese Titel:

1. Nyorai und Saichi;
2. Oya-sama;
3. Das *Nembutsu;*
4. Das *ki* und das *ho;*
5. Das Reine Land, *diese* Welt und die Hölle;
6. Die freiwillige Gabe;
7. Die Prüfungen des Herzens;
8. Armut;
9. Das innere Leben.

1

Nyorai und Saichi

Nyorai ist die japanische Form von chinesisch *ju-lai*, das dem Sanskrit-Wort *tathagata* entspricht. Es bedeutet »einer, der so kommt (oder geht)«.

Ich vertausche mein Tun mit dem von Amida:
ich huldige ihm, der umgekehrt mir zu huldigen geruht —
so vertausche ich mein Tun mit dem von Amida.

[Man vergleiche damit den deutschen mystischen Dichter Angelus Silesius:

Ich weiß, daß ohne mich Gott nicht ein Nu kann leben.
Werd ich zunicht, er muß von Not den Geist aufgeben.

Ich bin so groß als Gott, er ist als ich so klein.
Er kann nicht über mich, ich unter ihm nicht sein.]

*

»O Saichi, wer ist Nyorai-san?«
»Er ist niemand sonst als ich selbst.«
»Wer ist der Gründer [der Shin-Lehre]?«
»Er ist niemand sonst als ich selbst.«
»Was ist der kanonische Text?«
»Nichts als ich selbst.«
Des gewöhnlichen Menschen Herz hat keine Wurzel,
doch hat der Wurzellose Freude am *ho [Dharma]*,
weil er in Oyas Herz ruht,
dem Herzen des »Namu-amida-butsu«.

*

Ich liege,
Amida geruht, Saichi zu huldigen,
ich umgekehrt huldige Amida —
»Namu-amida-butsu!«

*

Nyorais anbetungswürdige Gestalt
ist in Wahrheit diese klägliche Eigengestalt —
»Namu-amida-butsu, Namu-amida-butsu!«
(Geträumt in der Nacht des 22. Mai.)

*

Dem Buddha huldigt [ein anderer] Buddha,
dem Namu huldigt Amida,
dem Amida huldigt Namu:
Dies ist der Sinn von *kimyo,*
wie es im »Namu-amida-butsu« sich ausdrückt.

[*Kimyo* ist der japanische Ausdruck für *namu* in der Bedeutung
von »Zuflucht-nehmen«, »Anbetung«, »Verehrung«, »Huldigung«
usw. Der Autor will hier wahrscheinlich andeuten, daß der Sinn
des »Namu-amida-butsu« die wechselseitige Huldigung des Namu
für Amida und umgekehrt ist — oder daß das »Namu-amida-butsu«
die Einheit Amidas mit jedem von uns symbolisiert.]

*

Amida ruft Amida an —
Diese Stimme —
»Namu-amida-butsu, Namu-amida-butsu!«

*

Saichi vertauscht sein Tun mit dem von Amida:
Wenn er Amida huldigt,
geruht Amida umgekehrt ihm [Saichi] zu huldigen —
So vertauschen wir unser Tun.
Wie froh bin ich für diese Gnade!
»Namu-amida-butsu, Namu-amida-butsu!«

*

Wenn ich dir huldige, o Buddha,
dann huldigt Buddha [einem anderen] Buddha,
und du bist es, der mir das bewußt macht, o Buddha:
Für diese Güte ist Saichi sehr dankbar.

*

Was alle Buddhas des *hokkai* verkünden,
ist: Saichi zu einem Buddha zu machen —
»Namu-amida-butsu, Namu-amida-butsu!«

[*Hokkai* entspricht dem Sanskrit-Wort *dharmadhatu*, womit das Universum als die Totalität aller Dinge gemeint ist.]

*

Meine Freude!
Wie jenseits aller Gedanken!
»Selbst« und Amida und das »Namu-amida-butsu«.

*

Wie schön!
Die ganze Welt und die Weite des Raumes ist Buddha!
Und ich bin darin — »Namu-amida-butsu!«

2

Oya-sama

[Für *Oya* gibt es im Deutschen kein Äquivalent. *Oya* ist Vaterschaft und Mutterschaft, beides, jedoch nicht im biologischen Sinne — sondern als Symbol göttlicher Gnade. *Sama* ist ein Ausdruck der Verehrung und wird manchmal zu *san* verkürzt, seiner weniger förmlichen, freundlicheren und intimeren Fassung.]

Oya-sama ist Buddha,
der Saichi in einen Buddha verwandelt.
Wie glücklich [bin ich] durch seine Gnade!
»Namu-amida-butsu, Namu-amida-butsu!«

*

Mein Herz und Oya-sama —
Wir haben nur ein Herz —
[das Herz] von »Namu-amida-butsu«.

*

Ich bin ein glücklicher Mensch,
ein frohes Herz ist mir gegeben.
Amidas Freude ist meine Freude —
»Namu-amida-butsu!«

★

Das Herz, das [Buddhas] gedenkt,
ist Buddhas Herz,
ein Buddha, von Buddha geschenkt —
»Namu-amida-butsu!«

★

Wie dankbar ich bin!
Oya-sama ist in mein Herz eingegangen und hält es gänzlich
besetzt.
Die Wolke des Zweifels zerstreut,
wende ich mich nun westwärts.
Wie glücklich bin ich!
Indem ich sage: »Namu-amida-butsu«, wende ich mich nach
Westen zurück.

★

Sind Teufel gekommen?
Sind Schlangen gekommen?
Ich weiß nicht.
Ich lebe mein Leben, von den Armen Oya-samas umfangen,
genährt mit der Milch des »Namu-amida-butsu«,
schauend in Oya-samas Gesicht.
»Namu-amida-butsu!«

[Mit »Teufeln« sind hier — japanisch — *oni* gemeint, böse Geister im Dienste des Todes-Königs.]

★

Wenn er als Oya bekannt ist,
bete ihn an als Oya:
Oya und ich sind eins —
Die Einheit von *ki* und *ho*
in dem »Namu-amida-butsu«.

★

Amida ist mein Oya-sama,
ich bin Amidas Kind.
Laßt mich Freude haben an Oya-sama, am »Namu-amida-butsu.«
Das »Namu-amida-butsu« gehört dem Kinde, wie es Oya-sama
gehört:
darin erkennt man die gegenseitige Verwandtschaft.

*

Mein Herz und dein Herz —
die Einheit der Herzen —
»Namu-amida-butsu!«

*

Wie froh bin ich!
Oya ist mir gegeben!
Oya, der mich in einen Buddha verwandelt,
ist das »Namu-amida-butsu!«

*

Das *hokkai* ist mein Oya —
Sein [ist] mein Oya —
»Namu-amida-butsu!«

*

Oya und Kind —
zwischen ihnen kein Schatten von Zweifel:
Dies meine Freude!

*

Das *Namu* und Amida,
Oya und Kind,
sie streiten: hier *Namu*, dort Amida.
Reue und Freudigkeit —
wie vertraut!

*

»Was versteht Saichi unter dem ›Namu-amida-butsu‹?«
»Nun, ich bin ein angenommenes Kind von ›Namu-amida-
butsu‹.«
»Wie denkst du dir ein Leben der Dankbarkeit?«

»Was das Dankbarsein anlangt, manchmal denk ich daran,
                                        manchmal nicht.
Wahrhaftig, ich bin ein erbärmlicher Mensch!«

★

Namu-san und Amida-san unterhalten sich:
Dies ist das »Namu-amida-butsu« von Oya und Sohn.

[»Namu-san« ist hier Saichi selbst.
Namu ist personifiziert.]

★

Namu-san und Amida-san — beide sind Amida:
»Namu-amida-butsu!«
Diese Glückseligkeit ist meine Glückseligkeit.

★

»Namu-amida-butsu!« — wie dankbar ich bin!
»Namu-amida-butsu« ist die Einheit von weltlicher und höchster
                                        Wahrheit.
»Namu-amida-butsu« — wie froh bin ich für diese Gnade!
»Namu-amida-butsu, Namu-amida-butsu!«
»Namu-amida-butsu« — woher stammt es?
Es ist die Barmherzigkeit, die Oyas Brust entspringt.
Wie froh bin ich für diese Gnade — »Namu-amida-butsu!«
»Wohin unterwegs ist Saichi?«
»Saichi will in das Land der Seligkeit gehen.«
»Mit wem?«
»Mit Oya-sama — wie glücklich ich bin!«
»Namu-amida-butsu, Namu-amida-butsu!«

3

Das Nembutsu

[Das *Nembutsu* — wörtlich »Denken an Buddha« — und das
Myogo — der »Name« — sind oft auswechselbar. Beide Ausdrücke
meinen die sechs Silben Na-mu-a-mi-da-buts[u]. Diese Silben die-

nen drei Zwecken: 1. als *Myogo* selbst, 2. als unmittelbare An-
rufung und 3. als Symbol der Identität.]

»O Saichi, sprichst du das *Nembutsu* nur aus, wenn du daran
denkst?
Was tust du, wenn du nicht daran denkst?«
»Nun, wenn ich nicht daran denke,
dann ist das ›Namu-amida-butsu‹ dennoch dasselbe —
die Einheit von *ki* und *ho*.
Selbst mein Denken daran kommt aus ihm.
Wie dankbar bin ich für die Gnade!«
»Namu-amida-butsu, Namu-amida-butsu!«

*

Honen Shonin [soll das *Nembutsu*] sechzigtausendmal
[an einem Tag aufgesagt haben].
Saichi sagt es nur dann und wann.
Sechzigtausendmal und dann-und-wann — das ist eins.
Wie dankbar bin ich für die Gnade!
»Namu-amida-butsu!«

*

»O Nyorai-san, nimmst du mich an — dieses klägliche Was,
das ich bin?«
»Gewiß, denn weil es dich gibt und solche wie dich,
ist Oya-samas Gnade vonnöten.
Der NAME gilt *dir*, o Saichi,
und er ist deiner.«
»So ist's, und ich bin wahrhaft dankbar,
dankbar für diese Gnade —
Namu-amida-butsu!«

*

All die wunderbaren Verdienste, die Amida angehäuft hat —
sein zuchtvolles Leben zahllose Äonen hindurch —,
erfüllen diesen Leib, genannt Saichi.
Verdienste sind nichts sonst als die sechs Silben
Na-mu-a-mi-da-buts[u].

*

Das »Namu-amida-butsu« ist unerschöpflich,
sooft man es auch ausspricht, es ist unerschöpflich.
Saichis Herz ist unerschöpflich,
Oyas Herz ist unerschöpflich.
Oyas Herz und Saichis Herz,
ki und *ho* sind *ein* Leib: das »Namu-amida-butsu«.
Sooft man dies ausspricht, es ist unerschöpflich.

*

Saichi, so wie er ist, ist etwas Wunderbares geschehen:
Dieses Herz, sein Herz, hat sich in Buddhaschaft verwandelt!
Welch ungewöhnliches Ereignis ist das!
Was alles jenseits unserer Vorstellungskraft ruht in dem
                                            »Namu-amida-butsu!«

*

Das »Namu-amida-butsu«
ist wie der Sonnengott,
ist wie die Welt,
ist wie die große Erde,
ist wie der Ozean!
Was immer Saichis Herz mag sein,
er ist eingehüllt in die Leere des Raums,
und die Leere des Raums ist eingehüllt in »Namu-amida-butsu«!
O meine Freunde, freut euch, das »Namu-amida-butsu«
                                            zu hören —
»Namu-amida-butsu«, das wird euch von *Jigoku* [der Hölle]
                                            befreien.

*

Das *Nembutsu* gleicht der Weite des Raums,
die Weite des Raums ist erhellt von Oya-samas *Nembutsu*.
Mein Herz ist von Oya-sama erleuchtet.
»Namu-amida-butsu!«

*

Ich weiß nicht den Grund,
aber Tatsache ist, daß das »Namu-amida-butsu« über mich kam.

*

Wie kläglich! Was soll ich tun?
[Doch auch] Kläglichkeit ist das »Namu-amida-butsu« —
»Namu-amida-butsu, Namu-amida-butsu!«

★

Nichts ist im *hokkai*
außer dem einen:
dem »Namu-amida-butsu« —
und das ist Saichi selbst.

★

»Das »Namu-amida-butsu« geht über in mich und *ich* bin *es,*
und es erfreut sich meiner,
wie ich mich seiner erfreue.

★

Wie elend!
Und wie froh!
Sie sind *eins*
in dem »Namu-amida-butsu«.

★

Das *Nembutsu* der Reue über meine Erbärmlichkeit —
das *Nembutsu* der Freude —
das »Namu-amida-butsu«.

★

84 000 böse Neigungen mag ich haben,
84 000 hat auch Amida —
das ist der Sinn der Einheit von »Namu-amida-butsu«.

★

Das *Namu* ist ich selbst,
Amida ist das *Namu* —
und beide, *Namu* und Amida, sind das »Namu-amida-butsu«.

★

Ich, auf dem Wege zum Tode,
bin nun verwandelt in das unsterbliche »Namu-amida-butsu«.

★

Leben enden heißt nicht sterben,
Nicht-sterben heißt Leben enden.
Leben enden heißt: »Namu-amida-butsu« werden.

*

Tod ist von mir genommen,
an seiner Stelle: das »Namu-amida-butsu«.

*

Saichis Herz, zum Tode bestimmt, wenn sein Ende kommt,
ist nun verwandelt in ein unsterbliches Herz,
verwandelt in das »Namu-amida-butsu«.

*

Sterben — nichts ist besser als Tod.
Man fühlt sich so leicht!
Nichts geht über dieses Gefühl der Erleichterung hinaus!
»Namu-amida-butsu, Namu-amida-butsu!«

4

Das *ki* und das *ho*

Folgende Gleichungen sind im Gedächtnis zu bewahren: *Ki* =
Jiriki (»Eigen-Kraft«) = *Namu* = das demütig bittende Einzel-
wesen = der Sünder = Saichi.

Ho = Amida = Buddha = Erleuchtung = *Tariki* (»die andere
Kraft« oder »Macht«) = Wirklichkeit (Realität) = *Dharma* = Oya-
sama = Tathagatha.

»O Saichi, sag mir, wie du es verstehst [das *ki* und das *ho*].«
»Ja, ja, ich will:
Wie elend, wie elend!
Namu-amida-butsu, Namu-amida-butsu!«
»Ist das alles, o Saichi?
Das kann nicht sein.«
»Doch, doch, das ist alles, ist alles.
So wie es Saichi versteht,
sind *ki* und *ho* eins:

das ›Namu-amida-butsu‹ ist nichts als er selbst.
So versteht Saichi, was er versteht:
Er hat Blumen in beiden Händen,
einerseits [sind sie] genommen, andererseits [sind sie] gegeben.«

*

Wie froh für die Gnade bin ich! »Namu-amida-butsu!«
Nun weiß ich, wo sie niederlegen, all meine aufgehäuften
Irrtümer:
dort, wo das *ki* und das *ho* eins sind —
im »Namu-amida-butsu«.

*

Solch ein Buddha! Wahrhaftig, ein guter Buddha ist er!
Er folgt mir, wohin ich auch gehe,
nimmt mein Herz in seine Hand.
Der rettende Klang der sechs Silben
ertönt als die Einheit von *ki* und von *ho* —
als das »Namu-amida-butsu«.
Ich habe keine Worte dafür.
Süße Gnade!

*

Kein Haften an irgend etwas *(kata-giru ja nai):*
kein Haften an *ki,*
kein Haften an *ho* —
So ist es im Einklang mit dem Gesetz *(okite ni kano).*
»Namu-amida-butsu!«

*

Das gilt für das *ki,*
das gilt für das *ho.*
Wie dankbar ich bin!
»Namu-amida-butsu!«

*

Wie elend!
Was söhnt mein Herz aus?
Nichts anderes als dieses eigene Herz voll unendlicher Schuld,

in das die zwei Silben *na-mu* einfielen.
Aus diesen Silben entspringt unendliche Schuld,
Amida erträgt unendliche Schuld.
Die Einheit von *ki* und von *ho* —
»Namu-amida-butsu!«

*

Saichis Nyorai-san,
wo ist er?
Saichis Nyorai-san ist nichts anderes als die Einheit
                              von *ki* und von *ho*.
Wie dankbar bin ich! »Namu-amida-butsu!«
»Namu-amida-butsu, Namu-amida-butsu!«

*

O Saichi, wenn du Buddha sehen willst,
blick in dein eigenes Herz, wo das *ki* und das *ho* eins sind
als das »Namu-amida-butsu« —
dies ist Saichis Oya-sama.
Wie froh für die Gnade!
»Namu-amida-butsu, Namu-amida-butsu!«

*

Wenn das *Namu* ich selbst ist, ist auch Amida ich selbst:
Dies ist das »Namu-amida-butsu« aus sechs Silben.

[Saichi erklärt gewöhnlich, daß *Namu* er selbst sei und Amida:
Oya-sama. Sich mit beiden — *Namu* und Amida — zu identifizieren,
ist ungewöhnlich. Doch können wir feststellen, daß Saichi sich oft
gleichsetzt mit »Namu-amida-butsu«, was bedeutet, daß er ebenso
Amida ist wie *Namu*.]

*

Das *Namu* wird verehrt von Amida,
und Amida wird vom *Namu* verehrt —
dies ist das »Namu-amida-butsu« aus sechs Silben.

*

Dieser Saichi ist dein,
du bist mein —
»Namu-amida-butsu!«

*

Saichis eigener Nyorai-san,
wo ist er?
Nun, Saichis Nyorai-san ist die Einheit von *ki* und *ho*.
Wie dankbar ich bin!
»Namu-amida-butsu!«
»Namu-amida-butsu!«

*

»O Saichi, was sprichst du zu Oya-sama?«
»Ich sage: ›Amida-bu, Amida-bu‹.«
»Und Oya-sama, was sagt er?«
»Er sagt: ›O *Namu*, o *Namu*‹.«
So Du zu mir und ich zu Dir:
Dies ist die Einheit von *ki* und *ho*.
»Namu-amida-butsu!«

*

»O Saichi, wie siehst du ›dich‹?«
»Um ›dich‹ zu sehen, [nimm] Amidas Spiegel,
darin zeigen sich beide: *ki* und *ho*.
Darüber hinaus — Reue und Freude.
Wunderbar, wunderbar!
Dankbar bin ich wahrhaftig! Namu-amida-butsu!«

*

Wie elend! —
Das kommt ganz spontan.
Wie dankbar für Buddhas Gnade! —
Auch das kommt spontan.
Das *ki* und das *ho:* beide sind Oyas Werk.

*

Alles was ist, ist vollendet.
Wie dankbar bin ich für die Gnade!
Und ich nehme nicht teil.
Wie dankbar bin ich für die Gnade!
»Namu-amida-butsu, Namu-amida-butsu!«

5

Das Reine Land, *diese* Welt und die Hölle

[»Hölle« allgemein ist im Japanischen *Jigoku. Gokuraku* ist das Land des Friedens, der Seligkeit, *Jodo* ist das »Reine Land« und *shaba* ist »*diese* Welt«, *sahalokadhatu* in Sanskrit.]

»O Saichi, was ist deine Freude?«
»Meine Freude ist *diese* Welt der Täuschung,
weil sie im *Dharma (ho)* sich wandelt zum Samen reinen
Entzückens.«
»Namu-amida-butsu, Namu-amida-butsu!«

★

Diese Welt *(sahaloka)* und das Reine Land — sie sind eins.
Welten, zahllos wie Atome, sind auch meine Welten.
»Namu-amida-butsu, Namu-amida-butsu!«

★

Der Weg, um aus *dieser* Welt ins Land der Seligkeit
[hinüber-] geboren zu werden — er ist kein anderer
als *diese* Welt selbst.
Diese Welt ist Namu-amida-butsu,
nicht anders, als es das Land der Seligkeit ist.
Wie dankbar ich bin!
Dies Auge Saichis ist die Grenzlinie [zwischen *dieser*
Welt und dem Land des Friedens].
»Namu-amida-butsu, Namu-amida-butsu!«

[Damit ist nicht unbedingt gemeint, wir seien im Reinen Land, wenn wir »die Augen schließen« — als Zeichen des Todes — und daß wir in *dieser* Welt sind bei geöffneten Augen. Saichis Vorstellung ist wahrscheinlich metaphysisch oder dialektisch, wenngleich das nicht heißen soll, Saichi habe all diese Dinge bewußt durchdacht wie ein Philosoph. Saichis Anspielung auf das Auge erinnert uns an Eckharts Bemerkung darüber.]

★

»Wo schläfst du, o Saichi?«
»Ich schlafe im Reinem Land *dieser* Welt.
Wenn ich erwache, gehe ich in Amidas Reines Land.«

*

Dies ist *shaba* [Sanskrit: *sahaloka*],
und mein Herz ist ein Kind der Hölle *[Jigoku*, Sanskrit:

naraka].

*

»O Saichi, wenn du stirbst, wer wird dein Gefährte sein
[auf dem Weg] ins Land des Friedens?«
»Emma-san wird mein Gefährte sein.«
»O Saichi, erzähl uns nicht wieder solche Geschichten.
Wer ist jemals mit Emma-san als Gefährten ins Land des
Friedens gegangen?
O Saichi, besser wär's, du erzähltest uns nicht solchen Unsinn.«
»Trotzdem sage ich, daß ihr euch irrt.
Habt ihr nicht dies in den ›Liedern‹ gelesen:
›Emma, der große Herr der Gerechtigkeit, grüßt uns.
Zusammen mit dem Herrn der fünf Pfade
steht er als Wächter Tag und Nacht.‹«
Auch ihr solltet Freude haben an Emma-samas Gesellschaft —
dort ist Namu-amida-butsu.
Diese Welt — wie freudvoll durch Emma-sama!
Dieser Saichi, auch er wird von Emma-sama beschützt.
Dieser Saichi und Emma-sama, beide sind *ein*
Namu-amida-butsu:
dies meine Freude!«
»O Saichi, von wem empfingst du die frohe Botschaft?«
»Nun, ich sprach mit Emma-sama selbst, der sie mir gab —
[Er sagt] ›Wahrlich, du bist willkommen.‹
Wie freudvoll! Wie freudvoll!
Namu-amida-butsu! Namu-amida-butsu!«

*

Wahrhaft glücklich bin ich!
Nicht tot gehe ich,
nein, so wie ich lebe,

ins Reine Land gehe ich!
»Namu-amida-butsu!«

*

Von »Namu-amida-butsu« geführt,
in *dieser* Welt lebend,
gehe ich zu »Namu-amida-butsu«.

*

Ich bin arm und unendlich glücklich darüber,
Amidas Reinen Landes erfreue ich mich *hier* —
»Namu-amida-butsu!«

*

Wäre die *shaba*-Welt verschieden vom Reinen Land,
niemals hätte ich dann das *Dharma* gehört:
Ich und diese *shaba*-Welt und das Reine Land und Amida —
all das ist *ein* »Namu-amida-butsu«.

*

Diese *shaba*-Welt, es ist auch eure,
wo Saichis Neugeburt bestätigt wird —
sie ist euer Warte-Teehaus.

*

Diese *shaba*-Welt wandelte sich ins Reine Land,
verwandelte mich selbst.
»Namu-amida-butsu!«

*

Meine Freude ist, daß mir das Reine Land geschenkt wurde,
während ich *hier* bin, in *dieser* Welt.
»Namu-amida-butsu!«

*

Mein Geburtsort? Ich bin ein Kind von *Jigoku* [Hölle].
Ich bin ein herrenloser Hund,
den Schwanz zwischen den Beinen.
Ich gehe durch diese Welt der Leiden
und sage »Namu-amida-butsu«.

*

Wie glücklich ich bin! »Namu-amida-butsu!«
Ich bin das Land des Friedens,
ich bin Oya-sama.
»Namu-amida-butsu!«

*

In Herrlichkeit strahlt Amidas Reines Land,
und das ist mein Reines Land —
»Namu-amida-butsu!«

*

Ich hörte so viel von dem Glücklichen Land,
doch ist es gar nicht so gewaltig damit [wie ich erwartete].
Und wahrhaftig: *gut*, daß dem so ist.
Wie zu Hause fühle ich mich so!
»Namu-amida-butsu, Namu-amida-butsu!«

*

Das Land der Seligkeit ist mein,
nimm nur »Namu-amida-butsu«, wie du es hörst.

*

Wie gnädig!
Während andere sterben,
sterbe ich nicht:
nicht-sterbend gehe ich
in Amidas Reines Land.

*

Hat Saichi je das Land der Seligkeit gesehen?
Nein, nie zuvor hat Saichi es gesehen.
Das ist gut —
Dies sein erster Besuch.

*

Wie dankbar ich bin!
Ich lebe, ohne etwas zu wissen —
Ist es das: Leben in einem natürlichen Reinen Land?

*

Wie dankbar ich bin!
Oya-sama ist in mein Herz eingetreten!
Die Wolke des Zweifels ist gänzlich verflogen,
nun kann ich mich westwärts wenden.
Wie glücklich ich bin!
Ich sage »Namu-amida-butsu« — und wende mich westwärts.

★

Buddha-Weisheit ist jenseits menschlichen Denkens,
sie macht, daß ich gehe ins Reine Land.
»Namu-amida-butsu!«

★

Wie furchtbar!
Diese Welt, *shaba* genannt,
ist die Welt, in der wir endlos überliefern alle Arten von Karma.
Wie gnädig!
Alles das wird verwandelt in Reines Land,
ununterbrochen!

★

Das Wunderbarste ist dies:
daß Buddha unsichtbares mitfühlendes Herz sichtbar ist,
während ich *hier* bin —
daß das Reine Land, Millionen und aber Millionen von
                              Welten entfernt, sichtbar ist,
während ich *hier* bin.
»Namu-amida-butsu!«

★

Ich muß nicht nach *Jigoku* [Hölle] gehen,
Jigoku ist *hier,*
wir leben direkt in *Jigoku,*
Jigoku ist hier dieser Ort.

★

Nie kennt das *hokkai* Erfüllung,
so viel wir auch davon sprechen —
Erfüllung wie das Selige Land.
»Namu-amida-butsu!«

★

Das *hokkai* ist Saichis eigenes Land —
»Namu-amida-butsu!«

*

Da ist ein Mann, der heimgeht in Amidas Reines Land —
das *Namu* wird von Amida getragen.
Das Reine Land, in das er zurückkehrt,
ist das »Namu-amida-butsu«.

*

Das Wiedergeborenwerden meint *diesen* gegenwärtigen
Augenblick.
Durch das »Namu-amida-butsu« wird es erreicht.
»Namu-amida-butsu!«

6

Die freiwillige Gabe

[Diese »Gabe« oder »Gunst« oder »Gnade«, die von Amida
kommt, ist eine »freiwillige«, weil Amida nichts im Austausch für
sie verlangt. Wenn der Sünder *[ki]* in allem Ernst das »Namu-
amida-butsu« ausspricht, wird ihm plötzlich bewußt, daß er von
Anbeginn mit und in Amida *ist*. Niemals hat es eine Trennung
oder Entfremdung zwischen ihm und Amida gegeben. Die falschen
Vorstellungen, die er über sie hegte, haben ihm eine solche nur
vorgespiegelt. Sind diese falschen Vorstellungen gelöscht, wird er
gewahr, daß die Sonne, in deren Licht er sich wärmt — Licht der
Unendlichkeit —, immer da war.]

Laß diese Welt ihren Gang gehen,
Schulden der Unwissenheit — alle bezahlt von Nyorai-san.
Wie froh, wie glücklich ich bin!

*

Was wir auch sagen, es kommt alles von dir,
ja, alles von dir.

Wie dankbar bin ich, wie wahrhaft glücklich!
»Namu-amida-butsu, Namu-amida-butsu!«

★

Das »Namu-amida-butsu« ist so groß wie die Welt.
Die ganze Luft ist das »Namu-amida-butsu«.
Mein Herz ist ein weites Herz,
mein *tsumi* erfüllt die Welt.
Wie schlecht Saichi auch sein mag, dich kann er nicht zerstören
[o Buddha].
Du schleppst mein *tsumi* mit dir
und hast es nun aufgenommen ins Reine Land.
Welche Gnade von dir, welche Gnade von dir!
»Namu-amida-butsu!«

★

Der Schatz der sechs Silben wurde mir von Oya-sama geschenkt:
Soviel man auch davon ausgibt, er ist niemals erschöpft.
Der Schatz wächst, je mehr man ihn braucht,
er ist der erstaunlichste Schatz
— und ich bin sein Empfänger.
Wie glücklich macht mich die Gabe! »Namu-amida-butsu!«

★

»O Saichi, du sagst: ›Mir wurde geschenkt, wurde geschenkt‹
— und was ist es, das dir geschenkt wurde?«
»Nun, nun, mir wurde der ›Name‹ Amidas geschenkt!
Und das für nichts!
Saichi ist dadurch zur Ruhe gekommen.
Und das heißt, daß das *ki* gänzlich in Oya-samas Besitz
überging.
Wahrhaftig, es ist Oya-sama, der völlig Besitz von mir ergriff,
und dieser Oya-sama, der meine, ist das »Namu-amida-butsu!«

★

Saichi hat sein Herz in Amidas Spiegel entdeckt.
Wie froh [bin ich] über die Gnade! »Namu-amida-butsu!«
»Namu-amida-butsu, Namu-amida-butsu!«
»Namu-amida-butsu, Namu-amida-butsu!«

★

Welches Wunder! Das »Namu-amida-butsu« erfüllt die ganze
Welt,
und diese Welt ist mir von Oya-sama geschenkt.
Dies meine Freude! »Namu-amida-butsu!«

*

O Nyorai-san,
du hast dich mir ergeben
und mein Herz zu deinem Gefangenen gemacht —
»Namu-amida-butsu!«

*

Wie elend!
Wie elend Saichis Herz!
Dicht steigen alle Arten von Wahn auf, alle zugleich!
Ein ekles Feuer brennt aus Sünden und Laster,
Wellen aus Laster und Sünden erheben sich.
Welches Unglück! Ein Feuer aus Torheit und Wahn brennt.
Dieser Ketzer, wie verächtlich!
Kannst du nicht Halt rufen?
Saichis Herz quält sich,
Herz in höchster Verwirrung,
Saichis Herz, das sich hoch wie der Himmel erhebt!
Hier kommt der Weise, der die Warnung ausspricht:
»O Saichi, lausche, nun ist es Zeit!«
Wie erlösend!
»Nun, da Amidas ›Ursprüngliches Gelübde‹ feststeht als das
›Namu-amida-butsu‹,
mußt du dich nicht mehr über dich grämen,
lausche denn, lausche!
Wenn du hörst: ›Namu-amida-butsu‹,
wirst du neu geboren im Reinen Land.
Das ›Namu-amida-butsu‹ ist dein.«
Wie glücklich ich bin über die Gnade! »Namu-amida-butsu!«
Nun weiß ich, wo ich all meine aufgehäuften Irrtümer ablegen
kann:
dort, wo das *ki* und das *ho* eins sind —
das »Namu-amida-butsu«.

Mit diesem Herzen [dem so erkannten, identifizierten],
durch die Welten, zahlreich wie Atome,
streife ich spielend umher gemeinsam mit allen Bodhisattvas
und Buddhas.
Das »Namu-amida-butsu« zu sich nehmend verbringt dieses
Herz seine Zeit
in froher Gemeinschaft mit dem »Namu-amida-butsu«.
Wie froh [bin ich] durch diese Gnade!
»Namu-amida-butsu!«

*

O ihr, meine Freunde, wenn ihr in eure Herzen blickt,
die voll von Erbärmlichkeit sind,
seid nicht versucht, an Amidas Gnade zu zweifeln,
wenn das auch naheliegt.
Denn das ist der größte Irrtum, dem ihr ausgesetzt seid.
Das höchste Elend, das alle wir sündigen Wesen erfahren,
verwandelt sich wahrlich in den unschätzbarsten Schatz:
Ihr werdet's erfassen, wenn das Karma reift,
denn das »Namu-amida-butsu« wirkt wahrhaft Wunder.
Daß das »Namu-amida-butsu« wahrhaft Wunder vollbringt,
seht ihr an dem:
Die Ozeane, die Berge, Nahrung, Wasser und Holz, das wir für
den Bau unserer Häuser gebrauchen — und alle die anderen
Dinge, mit denen wir sündigen Wesen umgehen:
sie alle sind *eins* und Formen des »Namu-amida-butsu«.
O meine Freunde, nehmt euch diese Wahrheit zu Herzen,
denn all das ist so dank Oya-samas Gnade.
Wie bin ich dankbar dafür!
»Namu-amida-butsu, Namu-amida-butsu!«

*

Wie dankbar!
Wenn ich es bedenke, so *ist* alles durch seine
[Amidas] Gnade.
O Saichi, was meinst du damit?
Nun ja, seine Gnade ist echte Wirklichkeit.

Dieser Saichi [hier] ist durch seine Gnade,
das Kleid, das ich trage, ist durch seine Gnade,
die Nahrung, die ich esse, ist durch seine Gnade,
die Schuhe, die ich anziehe, sind durch seine Gnade,
alle anderen Dinge, die wir haben in dieser Welt, sind
durch seine Gnade,
Schüssel und Eßstäbchen nicht ausgeschlossen.
Selbst diese Werkstatt hier, in der ich arbeite, ist
durch seine Gnade:
Da ist wahrhaftig nichts, das nicht das
»Namu-amida-butsu« wäre.
Wie glücklich bin ich über dies alles!
»Namu-amida-butsu!«

*

Durch deine Gnade habe ich mich in einen Buddha verwandelt,
unendlich groß ist diese Gnade von dir —
»Namu-amida-butsu!«

*

»Saichis Krankheit, ist sie geheilt durch Einnehmen von
›Namu-amida-butsu‹?«
»O nein!«
»Wodurch denn wurde sie geheilt?«
»Nun, Saichis Krankheit vergeht, wenn das ›Namu-amida-
busama‹ *sie* ›einnimmt‹, verschlingt.«
Saichi ist nun leiblich verschlungen von der Pille
der sechs Silben,
und in den sechs Silben führt er ein Leben der Dankbarkeit.
Sein Leben der Dankbarkeit, wahrhaftig, ist ein Geheimnis,
das Geheimnis der Geheimnisse ist es!
Wie glücklich bin ich durch diese Gnade!
»Namu-amida-butsu!«

*

Saichi ist etwas Gutes geschenkt worden,
die Meditation der fünf Kalpas ist ihm geschenkt worden.
Wo findet er einen passenden Platz, um etwas so Großes
aufzubewahren?

Doch in Wirklichkeit ist *er* aufgehoben in *ihm!*
Wie dankbar bin ich!
»Namu-amida-butsu!«
»Namu-amida-butsu!«

★

»Namu-amida-butsu« ist wirklich ein wunderbarer »Name«,
und ich habe es als Gabe.
Es strömt hervor aus Saichis Herz.
Also sollte es sein:
Das *ki* und das *ho* sind eins in dem »Namu-amida-butsu«.

★

»O Saichi, sag uns, welchen Geschmack hat das
›Namu-amida-butsu‹,
sag uns, welcher Art der Geschmack ist, den es hat, das
›Namu-amida-butsu‹.«
»Der Geschmack des ›Namu-amida-butsu‹ ist:
Freude, die die Brust erfüllt,
Freude, die die Leber [als Sitz der Leidenschaften] erfüllt
wie das rollende Ansteigen der See.
Keine Worte — nur der Ausruf: Oh, oh!«

[Zu »Geschmack«: Hinweis auf einen Satz aus der *Nachfolge
Christi:* »Dem, der Dich schmeckt, was kann ihm ekelhaft sein?
Und dem, der Dich nicht schmeckt, was kann ihn erfreuen?«]

★

Etwas möchte ich von Oya-sama erfahren:
Wie tilgst du meine Schuld?
Ich trage meine Schuld, wie sie ist,
und das »Namu-amida-butsu« richtet mich auf!
Wie dankbar bin ich!
»Namu-amida-butsu, Namu-amida-butsu!«

★

Die drei schädlichen Leidenschaften: wir finden sie
in Gesellschaft des »Namu-amida-butsu«,
sie wirken zusammen mit dem »Namu-amida-butsu«!

Wie dankbar bin ich für die Gnade!
»Namu-amida-butsu«!

*

Die Liebe, die Oya-sama beflügelte, hindurchzugehen
durch alle Leiden, durch alles Ungemach —
Ich glaubte, es genüge einfach, der Geschichte zu lauschen,
doch das war, finde ich, ein schwerwiegender Irrtum.

*

[Welch ein Wunder], daß ein so armseliger
    Mensch wie Saichi, dessen Armseligkeit keine Grenzen kennt,
verwandelt wurde in einen Buddha!
Wie dankbar [bin ich] für die Gnade, wie froh!
»Namu-amida-butsu, Namu-amida-butsu!«

*

Wie elend bin ich!
Für uns gewöhnliche Menschen sind menschliche
                                    Berechnungen ganz eitel.
Die Einschätzung der Schuld — das ist Oya-samas Sache.
Wie dankbar [bin ich] für die Gnade!
»Namu-amida-butsu!«

*

Mein Herz — Dir geschenkt,
und Dein Herz — von mir empfangen!

7

Die Prüfung des Herzens

[Während Saichi in Augenblicken der Entzückung fühlt, daß
er Amida selbst ist, gemeinsam mit allen Buddhas und Bodhisattvas des Universums, gibt es Gelegenheiten, bei denen er das
Gegenteil empfindet. Er ist dann das kläglichste Geschöpf, einem
herrenlosen Hunde vergleichbar, der den Schwanz zwischen den
Beinen eingeklemmt trägt. Er ist dann imstande auszurufen:

»Wie elend, wie wertlos, wie voll von 84 000 bösen Gedanken
bin ich!« Aber nie bleibt er lange in diesem Zustand der Selbst-
bemitleidung, bald erhebt er sich wieder triumphierend daraus
und preist Buddhas unendliche Liebe für ihn. Die Psychologen
mögen ihn für ein gutes Beispiel manisch-depressiven Irreseins
halten. Das Unglück ist nur, daß Saichi sehr viel gesünder als die
meisten gewöhnlichen Geister ist, Gelehrte nicht ausgeschlossen.
Er gehört der Gruppe der »Standhaften« an, er hat das »Etwas«,
das den innersten Kern seines Wesens besetzt hält, wie Eckhart
sagen würde. Wer sich mit dem Studium des religiösen Bewußtseins befaßt, weiß wohl, daß es in jeder frommen Seele etwas
Ambivalentes, daß es darin Schwankungen gibt. In dieser Hinsicht sind Saichis Äußerungen von außerordentlicher Bedeutung.]

> *Bombu* kann mit Buddha nicht leben,
> weil er weder Demut noch Freude kennt.
> Leben mit Buddha —
> »Namu-amida-butsu!«

[*Bombu* ist der prinzipielle Gegensatz zu Buddha: der — oder
das — Unerleuchtete.]

*

> »Ich kann nicht verstehen«, sagen sie,
> machen sich *bonno* zu Diensten — und untersuchen.
> Doch *bonno* ist seinem Wesen nach: Verdienst.
> Das macht mich lachen.

[*Bonno*, in Sanskrit *klesa*, wird gewöhnlich wiedergegeben mit
»böse Leidenschaften«. Diese sind das Ergebnis von Nichtwissen
— *avidya* — und »Durst« — *trisna*.]

*

> Gäbe es kein Elend,
> mein Leben wäre die Verderblichkeit selbst.
> Wie glücklich bin ich, daß mir Kläglichkeit, Elend
>   geschenkt wurde.
> »Namu-amida-butsu, Namu-amida-butsu!

*

181

Unverstandenes *bombu*
ist Laster —
verstandenes: Demut —
»Namu-amida-butsu!«

*

Saichi fühlt in sich
endlos Narrheit fließen,
endlos Wunschgier fließen.
Ständig brennt ein Feuer —
kein Wunder, dies Brennen,
denn Saichi ist ein böser Geist.

*

Saichis Herz: ein einziger Regen.
Regen und Regen, ein einziger Regen ist Saichis Herz.
Saichis Herz: ein einziger Nebel, Nebel in Nebel.
Nichts als Erbärmlichkeit in Saichis Herz.

*

»Wie erbärmlich bin ich!«
Das sagen wir alle, wenn wir uns niedergedrückt fühlen.
Doch diese Art Selbst-Erniedrigung, die wir da aussprechen, ist
eine Lüge.
Wahr ist, was wir sagen, wenn wir aus dem Reinen Land kommen.
Diese Selbst-Demütigung Saichis ist nur eine Lüge, eine
ungeheure, ganz ungeheure Lüge!
Und in dieser Lüge versteckt sich eine andere Lüge!
Wie schändlich!
Dieses »Wie schändlich!« ist auch eine Lüge, die unserem
Munde entschlüpft.
Dieser Saichi, der die Maske aufsetzt, treibt mit den frommen
Meistern sehr unehrbietig sein Spiel!
Wie erbärmlich, wie kläglich!
Aber da, da setzt er schon wieder die Maske auf, dieser Saichi!
Nichts anderes steckt in diesem Saichi, als herumzulaufen, sich zu
verstellen und jeden zu täuschen.
Wie kläglich!

Alles, was Saichi sagt, ist die Kläglichkeit selbst.
Und auch das kommt ihm über die lügenden Lippen.
Wahr, das einzig Wahre ist Oya-sama allein!
All meine Lügen sind von mir genommen [durch ihn],
[und nichts bleibt als das]
»Namu-amida-butsu!«

*

Wie sahst du dein eigenes Herz?
Um das Herz zu sehen, nimm Amidas Spiegel.
Wie kläglich!
Die Kläglichkeit meines Herzens ist wie der Raum: ohne Grenzen.
Wie kläglich!

*

O Saichi, du bist ein erbärmlicher Kerl!
Kaum fünf Fuß bist du groß,
und doch jagt dein Herz wild durch die ganze Welt.
Saichi ist ein erbärmlicher Mensch.
Wie kläglich!

*

Die Leid erfahren haben, verstehen,
die keines erfuhren, können niemals verstehen:
Nichts ist so quälend wie Seufzer,
die Seufzer, die sich weigern zu gehen.
Doch Amida wischt sie hinweg,
und alles, was ich sagen kann jetzt, ist
»Namu-amida-butsu, Namu-amida-butsu!«

*

Bodenlos ist Saichis Sündhaftigkeit,
bodenlos ist Saichis Tugendhaftigkeit:
Wie froh bin ich über die Gnade!
»Namu-amida-butsu!«

*

Das elende Herz der Zerknirschung —
das dankbare Herz der Freude —
das »Namu-amida-butsu« von Zerknirschung und Freude!

[Logisch gesprochen ist das ein Fall von *coincidentia oppositorum*. Saichi demonstriert ihn an der Erfahrung. Wenn er sich seiner Endlichkeit bewußt ist, seiner Gebundenheit an das Gesetz karmischer Kausalität, erfüllt Zerknirschung sein Herz. Doch sobald er fühlt, daß eben dieses Bewußtsein ihn in die Arme Oya-samas führt, kennt seine Freude keine Grenzen. Das »Namu-amida-butsu« symbolisiert die Vereinigung oder vielmehr die Übereinstimmung von tiefstem Elend und erhabener Freude.]

8

Armut

[Mit »Armut« ist hier gemeint, daß alles, von dem man denkt, es gehöre uns, durch Amida oder Oya-sama weggenommen ist, daß die eigene Kraft — *Jiriki* — ohne allen Nutzen ist. Positiver ausgedrückt ist es der Zustand der Selbstverwirklichung, da Amida alles in allem ist.]

Nichts ist Saichi verblieben,
  außer einem fröhlichen Herzen ist ihm nichts verblieben.
Weder Gutes noch Böses hat er, alles ist ihm genommen,
nichts ist ihm verblieben!
Nichts zu haben — wie vollkommen ausreichend!
Alles ist ihm genommen durch das »Namu-amida-butsu«.
Er stimmt ganz überein mit sich selbst:
Das ist wahrhaftig das »Namu-amida-butsu«.

*

Meine Gier, meine Habsucht: gänzlich von mir genommen,
und die Welt ist verwandelt in mein »Namu-amida-butsu«.

*

Alles was mein war hast du mir genommen
und gabst mir dafür das *Nembutsu* — »Namu-amida-butsu«.

9

Das innere Leben

[Das innere Leben ist das Leben der So-heit, das *kono-mama*-Leben, ein Leben des »Nichts-von-Bedeutung«, das »Ich-weiß-nicht-was«, des galoppierenden Pferdes auf der Weide — nach Eckhart —, des Flohs oder der Fliege in Gottes Ist-heit.]

Dankbar zu sein — das alles ist Lüge.
Die Wahrheit ist: »Nichts von Bedeutung.«
Und darüber hinaus: kein Frieden des Geistes —
»Namu-amida-butsu, Namu-amida-butsu, Namu-amida-butsu!«
(Womit ich mich friedlich zurückziehe.)

*

Nichts ist mit mir, nichts von Bedeutung mit mir —
Nichts von Bedeutung zu haben, das ist »Namu-amida-butsu«.

*

Daß dieser Saichi sich in einen Buddha verwandelte,
während ich nichts davon wußte,
wurde mir gesagt.

*

Wie kläglich!
[Doch] auch Kläglichkeit gehört zur So-heit.
Wie dankbar!
Auch Buddhas Gnade gehört zur So-heit.
Ki und *ho*, beides ist Oya-samas Werk.

[»So-heit«: im japanischen Original heißt es hier *onodzukara*, was »Wie-es-ist-heit« bedeutet, »Natürlichkeit«, »Vollkommenheit in sich selbst« oder »Genügsamkeit in sich selbst«. —
»Werk«: das originale *hataraki* meint »Funktion«, »Aktion« oder »Operation«.]

*

Alles weg, nichts behalten!
Wie dankbar [bin ich] für die Gnade!
Nichs blieb mir zu tun.
Wie dankbar [bin ich] für die Gnade!
»Namu-amida-butsu!«

*

Was mich betrifft, auf mich kommt's nicht an:
Von der Stimme gerufen, ist der Geist in Fesseln geschlagen,
und: »Namu-amida-butsu!«

*

»Wie dankbar!« zu sagen, ist eine Lüge.
Die Wahrheit: Auf uns kommt's nicht an.
Und nichts mehr, das uns das Gefühl gibt, zu Hause zu sein —
»Namu-amida-butsu! Namu-amida-butsu!«

*

O Saichi, so wie du bist, bist du dankbar?
Auf mich kommt's nicht an,
sooft ich auch [den Predigten] lausche,
auf mich kommt's nicht an.
Und Fragen sind keine zu stellen.

*

Es kommt nicht darauf an, auf mich kommt's nicht an.
Daß es auf nichts ankommt — das ist das »Namu-amida-butsu«.

*

Dankbar zu sein ist nicht *anjin* [»beruhigten Geistes«,
»fest im Glauben« zu sein].
Wenn nichts sich ereignet, ereignet sich nichts.
Dankbar zu sein ist Heuchelei —
Das ist wahr, das ist wahr!

[Zu »Heuchelei«: Das japanische *bakemono* meint wörtlich »etwas Unwirkliches«, »etwas, das zeitweilig eine gewisse Gestalt annimmt, aber durchaus nicht die wahre«.]

*

Ob ich falle [zur Hölle absteige]
oder unterwegs bin ins Reine Land —
ich weiß nichts:
Alles ist Sache von Amidas Schwur.
»Namu-amida-butsu!«

*

Zweifel sind von mir genommen —
ich weiß nicht wie und wann!
Wie ich dankbar sein soll für die Gnade — ich weiß nicht!
»Namu-amida-butsu!

*

Ich bin glücklich!
Die Wurzel der Sündhaftigkeit ist abgeschnitten.
Wenn auch noch tätig, ist es doch so, als wäre sie nicht.
Wie glücklich bin ich!
Geboren aus Glückseligkeit ist das »Namu-amida-butsu«.

[»Sündhaftigkeit« ist hier nicht im christlichen Sinn zu verstehen. Im japanischen Original heißt es *bombu*. Saichi gebraucht
das Wort auch im entpersonifizierten, abstrakten Sinn, im Sinne
von *bombu*-schaft also, als Gegensatz zu Buddha-schaft.]

*

»O Saichi, willst du uns nichts über *Tariki* [die andere
                             Macht] sagen?«
»Doch, aber es gibt weder *Tariki* noch *Jiriki*
                        [die eigene Kraft],
was ist — das ist dankbare Zustimmung allein
               [Zustimmung zu dem, was ist].«

*

Wohin sind Saichis böse Wünsche gegangen?
Sie sind noch hier:
Ich hasse, ich liebe, ich fordere —
Wie erbärmlich, wie erbärmlich bin ich!

Bitte beachten Sie
die folgenden Seiten

Daisaku Ikeda

Die Humanität
des Buddhismus

Ullstein Buch 34872

Japan 1945 – durch den Abwurf der Atombombe über Hiroshima und Nagasaki wird ein furchtbarer Alptraum der Menschheit wahr. Dies ist die Stunde der Erneuerung der buddhistischen Vereinigung Soka Gakkai, deren Ziel die Verbreitung pazifistischer und humanitärer Ideen ist. Das Buch schildert die Geschichte ihres Begründers Josei Toda, der wegen seiner Überzeugungen während des Zweiten Weltkriegs im Gefängnis saß, und berichtet über die Entstehung der religiösen Organisation, die inzwischen auch zu einer weltweiten Friedensorganisation angewachsen ist.

Sachbuch

Daisaku Ikeda

Der chinesische Buddhismus

Ullstein Buch 34673

Daisaku Ikeda richtet in diesem Buch das Augenmerk auf den Weg des Buddhismus von seinem Ursprungsland Indien über Innerasien nach China. Das Ringen chinesischer Mönche um eine richtige Auslegung der Texte führte zu einer Reihe von Reisen der Mönche nach Indien. Ihre Reiseberichte über dieses fremde Land sind eine ebenso faszinierende wie aufschlußreiche Lektüre.

Sachbuch

Josephine Zöller

Das Tao der Selbstheilung

**Die chinesische Kunst
der Meditation in
der Bewegung**

Ullstein Buch 35483

Daß die chinesische Heil-
kunst, die eine jahrtau-
sendealte Tradition hat, der
westlichen in vielen
Bereichen überlegen ist, ist
mittlerweile anerkannt.
Ihre Erfolge rühren daher,
daß ihre ganzheitliche
Behandlungsweise die Ge-
samtkonstitution des Men-
schen stärkt und damit auch
zur Vorbeugung von
Krankheiten beiträgt. Das
Qi-Gong ist eine der älte-
sten und wirksamsten
Methoden, durch Körper-,
Atem- und Meditations-
übungen alle Lebensener-
gien zu stärken und die
Selbstheilungskräfte des
Körpers zu aktivieren.

Esoterik